Inhaltsverzeichnis

Vorwort

Du

- hast viel Zeit und Geld in deine Ausbildungen investiert, um als Coach tätig werden zu können?
- willst von deiner Selbstständigkeit gut leben können?
- möchtest neue Kunden gewinnen?
- willst dir ein profitables Coaching Business aufbauen?
- weißt nicht, wie du Werbung oder Marketing angehen sollst?
- brauchst eine Schritt-für-Schritt-Anleitung?
- möchtest, dass deine Kunden dich finden?

Trifft eine dieser Aussagen auf dich zu?
Dann bist du hier richtig!

Vielleicht bist du noch in einer Anstellung tätig und versuchst, dein Coaching Business nebenbei aufzubauen. Du hast dir Räume organisiert oder ein Zimmer hübsch hergerichtet, überlegst dir Themen für deine Abend- und Wochenendworkshops. Du hast das Gefühl, ständig an irgendetwas zu arbeiten, doch es melden sich noch nicht genug Klienten, damit du von deiner Selbstständigkeit leben kannst. Du buchst weitere Ausbildungen und Supervisionen. Manchmal fragst du dich, ob du schon soweit bist? Vielleicht hast du Angst vor deinem Erfolg?
So habe ich auch begonnen und am Beginn von „Perspektivenwechsel mit System" erzähle ich dir, wie ich zum Coaching und zur Beratung gekommen bin.
Ich wollte mich selbstständig machen, mit Menschen zu tun

haben und etwas Sinnvolles tun. Ich liebe Menschen und ihre Einzigartigkeiten, sie faszinieren mich täglich aufs Neue. Ich lerne sehr viel im Austausch mit ihnen. Es ist ein Geben und Nehmen, das uns beide bereichert, kreativ und inspirierend, lebendig und vielseitig.

Erinnerst du dich an deine ersten Selbsterfahrungsseminare? Ich erinnere mich sehr gut daran und habe noch das ganze Szenario meiner allerersten Familienaufstellung in den Neunzigern im Kopf.

Ich war Anfang zwanzig und dachte, ich hätte die Weisheit mit Löffeln gegessen, schließlich hatte ich sämtliche Bücher von Bert Hellinger gelesen und zudem war ich unglaublich neugierig, was sich mir in der Ausbildung offenbaren würde. In meinem Innersten war ich davon überzeugt, dass alle anderen Menschen an irgendetwas schuld seien, ich wollte sie knien und um Vergebung betteln sehen, zumindest in meiner Vorstellung. Keine Sorge, ich wurde Gott sei Dank eines Besseren belehrt.

Während meiner ersten Familienaufstellung stand ich plötzlich meiner toten Oma gegenüber: *„Dir zu Ehren werde ich aus meinem Leben etwas machen und glücklich sein!"*, kickste ich schluchzend einer Frau zu, die meine Oma mimte. Es war grauenvoll. Ich dachte, der Schmerz sprengt mich, und als der hämmernde Kopfschmerz vor lauter Anstrengung und ob des Heulens nachließ, empfand ich eine nie zuvor dagewesene Welle der Verbundenheit, Liebe und des Vertrauens. Ich habe an diesem Wochenende an die 3000 Kalorien verbrannt.

Es folgten weitere Jahre des Erprobens und Erlebens. Ich wollte alles verstehen, vor allem Menschen. Wie sie warum ticken. Ich glaubte an Menschen, die auf ihrem eigenen Weg den Glauben an sich selbst verloren haben, das tat mir unendlich weh und ich war sehr in mein Umfeld verstrickt. Es hat mich unendlich viel Energie gekostet, alles auszugleichen und mein mir selbst gesetztes Soll zu erreichen. Ich hatte große Vorstellungen und Ideale, die mich immer wieder an meine Grenzen brachten und zu überfordern drohten.

Zugleich brachte ich viel Leistung und arbeitete sehr viel. In dieser Zeit übertrieb ich es. Was glaubst du, ist passiert? Genau! Ich schlitterte in ein Burnout, just an dem Punkt, an dem ich dachte, alles erreicht zu haben.

Ich hatte mein Studium beendet, meine Tochter war geboren und mein Gewerbeschein (= Zulassung) fürs Coaching und meine Selbstständigkeit vorbereitet. Ich war startklar für mein eigenes Business. Das war der Plan. Darauf hatte ich all die Jahre hingearbeitet.

Nachdem ich all meine Vorhaben umgesetzt und erreicht hatte, kam der große Einbruch.

Plötzlich war nichts mehr wichtig, nichts ging mehr, ich konnte nur noch heulen. Der Tag, an dem ich auf der Heimfahrt vom Kindergarten in Tränen ausbrach und zu nichts mehr in der Lage war. „Ich kann nicht mehr, ich kann das alles nicht mehr, aber wer bin ich ohne alle meine Sachen?“, jagte mir durch den Kopf. Ich erlitt einen kompletten Identitätsverlust. Ich weiß gar nicht, wie ich das beschreiben soll, ich stand im Nichts. Ich konnte nicht mehr lesen, weil ich mich nicht konzentrieren konnte. Ich konnte nicht mehr gerade denken, weil alles leer war. Ich konnte nicht mehr planen und ich konnte schon gar nichts mehr erledigen, sprich irgendetwas – was für mich bis dato normal gewesen war – leisten. Ich habe mich auf mir tagtäglich bekannten Strecken mit dem Auto verfahren, weil ich die Abfahrt verpasst habe und vieles mehr. Im gleichen Moment war das der Wendepunkt, der Weg zu mir, meine innere Stimme wieder wahrzunehmen und ihr zu folgen.

Ich ging zu meinem Hausarzt, der mich an eine Neurologin verwies. Irgendwie hatte ich Angst. Ich wusste instinktiv, dass überhaupt nichts mehr so ist, wie es mir zuvor noch erschienen war.

Die Zeitspanne bis zu dem Termin mit der Neurologin erschien mir endlos, ich fühlte mich leer. Dann saß ich im Wartezimmer der Ärztin. Irgendwie war mir alles egal, ich hoffte auf eine Diagnose, quasi als Erlösung, damit ich endlich eine Erklärung für meinen Zustand hätte und am allerliebsten hätte ich gehabt, dass mir die Ärztin sagt: „Sie sind verrückt!"

Allein diese Idee verschaffte mir Erleichterung, dann hätte ich endlich ein Wort dafür gehabt. Mein logischer Verstand hätte nicht weitergegraben und würde mit der befreienden Diagnose: „Ich bin verrückt, das sagt sogar die Ärztin!", endlich Ruhe geben. Mich nicht mehr bemühen, weiterzudenken, das wünschte ich mir. Denken war im Moment sowieso mega anstrengend, ich war völlig planlos.

Leider hat mich die Ärztin nicht für verrückt erklärt, ich war sehr enttäuscht. Wohlwollend und wertschätzend saß sie mir gegenüber und sagte ganz sanft: „Sie haben ein Burnout." Diese Ansage ging wie im Nebel an mir vorbei: „Was ich? Wie jetzt? Und weiter? Was mach ich jetzt?" Ich war völlig paralysiert. Ich hatte keine Anleitung. Ich wünschte mir ein To-Do, ein „Machen Sie so und so" – doch nichts, kein

Sterbenswörtchen kam der Medizinerin über die Lippen. Niedergeschlagen presste ich „Und wie lange dauert das?“, heraus. „Nehmen Sie sich mindestens ein halbes Jahr Auszeit“, erwiderte sie. „Die spinnt ja“, dachte ich, „ein halbes Jahr? Auszeit? Ja, was heißt Auszeit, soll ich auswandern oder was? Hallo?!“

Auf dem Heimweg fiel mir eine Referentin meiner Ausbildung zur Lebens- und Sozialberaterin ein. In einem ihrer letzten Seminare erzählte sie von ihrem eigenen Burnout, sie war Therapeutin und fand sich nach dem Scheitern ihrer Ehe in dieser Situation wieder. Alle ihre schillernden Erzählungen flackerten jetzt in meinem Gedächtnis auf. „*Wenn Sie gar nicht mehr auf die Toilette gehen, obwohl Sie müssen, dann sind Sie schon längst im Burnout*“, erinnerte ich mich an eine ihrer Symptomschilderungen. Hm, stimmt, das trifft auf mich definitiv zu. Zuerst noch etwas erledigen und dann auf die Toilette. Aber ist das wirklich ein Hinweis auf ein Burnout? Na ja, wenn ich dran denke, dass ich mich im Moment auch noch ständig verfahre? Vielleicht hat sie ja doch recht und jetzt auch noch die Ärztin. Verrücktsein wäre einfacher. Doch die Diagnose hatte ich nicht. Schade.

Rückblickend waren diese Begebenheiten der Grundstein für mein mich heute prägendes Verständnis von Kundenbedürfnissen und warum ich selbst als Konsumentin und Kundin, wie auch meine eigenen Klienten, mehr Verständnis und Begleitung will. Ich brauche eine Lösung meines Problems. Eine Herangehensweise, wie ich das lösen kann. Wie löse ich dieses Problem? Das ist die Kernfrage. Das erschloss sich mir in einer dieser ersten Therapiestunden und ich erzähle dir gleich warum.

Als ich wie ein Häufchen Elend bei der Therapeutin auf dem Stuhl saß, dachte ich insgeheim, alles würde irgendwie in Ordnung kommen. Ich fragte sie, wie lange sie glaube, dass es dauern würde, bis ich irgendwie wieder normal funktioniere.
„*Nach einem halben Jahr wird es Ihnen besser gehen, wirklich über den Berg sind sie nach einem Jahr.*"
„Boah, wie großartig, ich darf ein Jahr herkommen, Gott sei Dank!" Gar nicht auszudenken, sie hätte gesagt, in fünf oder zehn Sitzungen wäre das erledigt, damit wäre ich völlig überfordert gewesen!
Verstehst du, was ich meine? Weil meine Therapeutin vorausdiagnostiziert hat, dass der Prozess bis zu einem Jahr dauern würde, gab sie mir Sicherheit.
Deinem Klienten geht es wie mir damals!
Hätte mir meine Therapeutin damals gesagt: „*Ach, das ist ein Klacks, das haben wir bald!*", hätte ich nicht nur an ihr gezweifelt, sondern mich auch unverstanden gefühlt. Schließlich war ich mit meiner bisherigen Vorgehensweise und meiner Art, die Dinge zu lösen, an die Wand gefahren und ziemlich ratlos.
Wenn heute eine Klientin bei dir anfragt, dann kommt sie wegen eines akuten Problems zu dir, das sie selbst nur vage beschreiben kann. Meist handelt es sich um etwas, das sie gefühlsmäßig zu beschreiben versucht. Einen Zustand oder ein Ergebnis, das sie sich wünscht. In der Regel hast du sofort eine Ahnung, welches Thema dem ganzen Dilemma zugrunde liegen könnte. Doch das ist nicht der Grund aus dem deine Klientin zu dir kommt oder dich bucht. Deine Kundin wird kaum zu dir sagen: „*Ich hab' da ein Vaterthema*", oder „*Ich glaub' meine Bindungsängste liegen dort oder da begraben*".

„*Wissen Sie, ich sollte dieses oder jenes tun und dafür brauche ich Hilfe.*“ Sie schildert dir ihren Zustand, ihre Wünsche und erklärt dir, wobei sie Hilfe benötigt bzw. was sie sich wünscht.
In „Perspektivenwechsel mit System“ zeige ich dir genau, wie du den Bedarf deiner Klienten herausfindest und mit deinem magischen Angebot abdeckst. Triffst du den Nagel auf den Kopf, werden dich deine Kunden finden und anfragen.
Ich habe mich seinerzeit für meine Therapeutin entschieden, weil sie in meinen Augen die Spezialistin war, weil ich sie schon als meine Problemlöserin wahrgenommen hatte, bevor ich mich an sie wandte. Ich ging davon aus, dass nur sie und genau sie weiß, wie lange der Prozess dauern würde.
Genau dieses Gefühl, diese Wahrnehmung deiner Expertise, willst du auch bei deinen künftigen Klienten schaffen. Deine Konzentration auf das eine Kundenproblem hilft dir einen Fokus zu schaffen, sowohl für dich als auch für deine Kunden. Sie erkennen klar, dass du etwas abdeckst, was sie haben möchten oder brauchen.
Je konkreter du dich auf ein Spezialthema, ein Problem, konzentrierst und fokussierst, umso besser gelingt dir die Abhebung vom Markt. Du schaffst Positionierung und Fokus.
Deine künftigen Kunden nehmen dich bereits im Vorfeld als Profi auf deinem Gebiet wahr. Es fällt ihnen nicht nur viel leichter, sich an dich zu wenden, sondern sie gehen auch davon aus, dass du als Expertin genau weißt, wie lange es dauern wird, das gewünschte Ziel zu erreichen und welche Schritte dazu nötig sind.

Ich zeige dir Schritt für Schritt, wie du für dich als Coach Personal Branding schaffst und durch Positionierung am Markt unverwechselbar wirst, so dass dich deine Wunschkunden finden, genau die Kunden, mit denen du arbeiten möchtest.

Falls du noch den Anspruch hast, alle und jeden bedienen und allen helfen zu können, lege ihn schleunigst beiseite. Mit dieser Idee hilfst du niemandem und es wird sich auch niemand bei dir für ein Coaching melden. Wie auch? Dein Kunde weiß gar nicht, wofür du stehst, wofür du bekannt bist und was ihn bei dir erwartet.

Um dich mit deinem Business sichtbar zu machen und zu positionieren braucht es deine Expertise für ein spezielles Thema.

Sämtliche Zweifel, ob du etwas gut genug kannst oder lieber noch warten solltest, bevor du anfängst, dich zu spezialisieren, kenne ich nur zu gut.

Lange Zeit dachte ich auch, ich müsste auf die eine Idee, den einen Einfall oder die Eingebung warten und dann würde sich alles fügen oder zumindest Klienten kommen.

Blödsinn! Ich bin mir lange genug selbst im Weg gestanden, bis ich mich entschieden habe, genau dort anzusetzen, wo ich selbst lange verkehrt gedacht habe: das Problem mit den fehlenden Kundenanfragen.

Ich hatte zwar seit 1993 Erfahrung mit der Selbstständigkeit, da ich bereits mit 19 Jahren in das bestehende Unternehmen meiner Mutter eingestiegen war, doch später meine eigene Selbstständigkeit hochzuziehen, war eine ganz andere Herausforderung.

Ich begann 2003 als Freelancerin für verschiedene Projekt-

aufträge als Trainerin und Beraterin zu arbeiten und gründete 2009 mein eigenes Unternehmen.
Richtig los ging es 2014, als ich stark auf Onlinemarketing setzte und mich selbst auf ein Problemfeld meiner Zielgruppe fokussierte.
Ohne all meine Mentoren, Coaches und mir nahe stehenden Menschen, die an mich geglaubt haben, wäre ich heute nicht da, wo ich bin.
Die Eigenschaften, die du für deinen Erfolg benötigst? Mut und Disziplin. Zuerst wagen, dann dranbleiben, einfach anfangen.
Heute weiß ich, jede einzelne investierte Stunde, all die tausenden von Euros, die ich in Ausbildungen, Therapiestunden, Coachings und Mentoring-Programme gesteckt habe, haben sich bezahlt gemacht. Ich setzte alles auf eine Karte, es gab keinen Plan B und ich wollte auch keinen. Nicht einmal in meiner Vorstellung.
Ich hatte eine ganz klare Entscheidung getroffen, mein Business neu aufzustellen. Ich definierte meine Wunschkundin und beschäftigte mich mit ihren Problemen. Also genau mit den Herausforderungen, mit denen ich zuvor selbst zu kämpfen hatte. Ich setzte mein Angebot neu auf und konzentrierte mich auf meine Hauptkompetenz und darauf, wie ich mit dem, was ich kann, meinen Leserinnen und künftigen Klienten helfen kann.
Ich startete einen Blog, fing an Podcasts zu produzieren und bin in die Welt des neuen digitalen Unternehmertums eingetaucht. Alles lag auf der Hand, doch das, was mir sowieso schon leichtfiel und Spaß machte, sah ich bislang nicht als meine bereits vorhandene Kompetenz an.

Wir Frauen machen es uns oft viel zu kompliziert. Auf diese Tücken komme ich noch zu sprechen. Die ersparst du dir, wenn du alle Schritte dieses Buches umsetzt. Ich garantiere dir, dass sich grundlegend etwas ändert und du dein Angebot und deine Expertise mit ganz anderen Augen sehen wirst.

Du hast so viel an Know-how und Lebenserfahrung, dass es jetzt wirklich an der Zeit ist, loszulegen und dein Business neu aufzustellen.

Erst wenn du anfängst sichtbar zu werden und beginnst, dich on- und offline zu zeigen, können deine potentiellen Kunden von dir und deinem Angebot erfahren. Herumzusitzen und dir zu denken: „*Das wird schon!*“, reicht auf keinen Fall.

Erfolg hat 3 Buchstaben: „T.U.N!“

Mit „Perspektivenwechsel mit System“ unterstütze ich dich dabei, an dich und deine Arbeit zu glauben, deine eigene Expertise zu entfalten, deine erfolgreiche Karriere als Coach und Trainerin zu starten und ermutige dich, mit deinem Können Expertin zu werden.

Warum?

- Weil ich heute weiß, dass es möglich ist.
- Weil ich davon überzeugt bin, dass es dein Lebensrecht ist, erfüllt und glücklich zu arbeiten und der Welt, deinen Kunden, zu helfen, ein sinnerfülltes Leben zu leben.
- Weil du sowieso schon viel zu lang gewartet hast.
- Weil es deine Pflicht ist, das zu leben, was du kannst und wofür du hier auf dieser Welt bist, dir zuliebe! Das, was deine Augen leuchten lässt.

Wer außer dir könnte das tun? Es ist deine Empathie, deine Herzenswärme, deine Fürsorge, deine Vielfalt, dein ganzes Sein, deine spezielle Expertise, etwas, das nur du kannst, weil nur du es bereits gemeistert hast.

Eins sage ich dir, nur lesen reicht nicht. Ich will, dass du dranbleibst. Dir deine Positionierung erarbeitest, dich inspirieren lässt und den roten Faden aufnimmst.

Entdecke dein Spezialgebiet und entwickle dein magisches Angebot.

Ein Angebot, auf das du stolz bist und mit dem du deine besten Kunden erreichst. Dafür stelle ich dir in „Perspektivenwechsel mit System" immer wieder weiterführende Ressourcen, Inspirationen und Arbeitsmaterialien zur Verfügung, die dir dabei helfen, dein Business voranzutreiben.

Begib dich mit mir auf die Reise. Finden wir deine Expertise, das wofür du stehst, damit dich genau deine Wunschkunden finden.

www.katharinaboersch.com/unterlagen_perspektivenwechsel

„Eine Entscheidung zu treffen, bei welcher du dich und deine Bedürfnisse in den Mittelpunkt stellst, ist der erste Schritt in deine Selbstverantwortung, ein Leben nach deinen Vorstellungen zu leben.

Egoismus werden dir diejenigen vorwerfen, die sich bis heute und auch in den nächsten Jahren oder gar nie entscheiden werden, für sich und ihre Wünsche und Träume einzustehen."

Katharina Boersch

Einleitung

Nach dem Jahr Auszeit, durch mein Burnout bedingt, gründete ich endlich mein eigenes Unternehmen und startete meine Selbstständigkeit als Coach und Unternehmensberaterin. Darauf hatte ich lange Zeit hingearbeitet. Dass mich meine eigenen Ansprüche und der effiziente Teil in mir, nebst Kind, Studium, Job und berufsbegleitenden Ausbildungen ins Burnout gejagt hatten, hatte ich inzwischen begriffen.

Die Zeit des erzwungenen Rückzugs brachte mich mir selbst wieder entscheidend näher. Ich konnte verstehen und wahrnehmen, wie sehr ich mich verloren hatte.

Als ich wieder einigermaßen lesen konnte, im Garten saß und den Wolken beim Ziehen zuschaute, fand ich auch meine Träume wieder. Ich begann meiner Intuition zu folgen.

Als ich die Übung „Den Wolken beim Ziehen zuschauen" zum ersten Mal auferlegt bekommen habe, dachte ich mir, „Was soll denn der Blödsinn? Da kann ich ja gar nichts machen? Was soll das denn für einen Sinn machen?" – ich wurde eines Besseren belehrt. Es ist ganz einfach und anfangs doch ein wenig komisch. Du setzt dich in den Park, in den Garten, oder legst dich direkt in die Wiese und schaust auf den Himmel. Du siehst den Wolken beim Vorüberziehen zu. Beginne mit kleinen Zeitintervallen, eine Viertelstunde oder eine halbe Stunde, du wirst es lieben lernen. Schön langsam fühlte ich wieder, wer ich war und was ich wollte und begriff endlich, dass das „Unternehmersein" schon von Kindesbeinen an mein Leben begleitete.

Lange Zeit wollte ich das so nicht sehen, weil es für mich ja völlig „normal“ war. Ich bin in einer Unternehmerfamilie aufgewachsen, lange vor meinem Burnout, und in das Familienunternehmen eingestiegen. Jahre später hatte ich mich wieder freigeboxt. Im Irrglauben, Selbstständigkeit und ständiges „Angehängtsein“ seien nichts für mich. Nein, nein, genau so wollte ich das nicht. Ich wollte mir etwas Eigenes aufbauen und Menschen dabei helfen, ihre Perspektive zu verändern, um genau das zu erreichen, was sie sich wünschen! Ich habe den Gewerbeschein gelöst, Räumlichkeiten erworben, eingerichtet, hübsch gemacht – mein Schmuckstück war das. Dann setzte ich meine Homepage auf.

Ich dachte, ich sei bereit und es könne losgehen. Her mit den Aufträgen und Anfragen. Ich wartete auf den Erfolg.

Nachdem mir die Klienten nicht gerade die Tür einrannten, nahm ich weitere externe Trainingsaufträge als Freiberuflerin an.

Ich arbeitete viel und gerne und hoffte immer auf den nächsten Auftrag. Das war wieder mega anstrengend. Und weil ich wollte, dass es leichter wird und meine Selbstständigkeit ins Laufen kommt, nahm ich – in der Hoffnung auf finanzielle Entlastung – auch immer weiter Projektaufträge und Anstellungen an.

In Wahrheit habe ich noch immer gegen die Selbstständigkeit angekämpft. Warum? Ich hatte Angst, dass es laufen könnte! Manche Menschen haben Angst vor Erfolg, manche Menschen haben Angst davor zu scheitern. Ich gehörte zu der Sorte, die Angst ob ihrer eigenen Stärken hatte. Der zugrunde liegende Glaubenssatz: „*Es müsse alles schwer und schwierig sein, damit es was wert ist*“ war hartnäckig. Von Zeit zu Zeit begegnet er mir noch heute.

Ich stand wieder vor dem Dilemma – dort die Anstellung, da die Selbstständigkeit als Coach und Beraterin – genau so wollte ich es nicht.
Was habe ich mich nicht gequält. Zweimal habe ich Projektaufträge und längerfristige Honorartätigkeiten zurückgelegt. Einen Projektauftrag kündigte ich auf, da ich keine Zeit mehr für meine eigene Selbstständigkeit hatte. In dem Projekt betreute ich bis zu 53 Einzelklienten pro Woche, das war ein Stakkato plus Berichte, Anamnesen und Protokolle.
Als mich meine damalige Projektleiterin nach Äußerung meiner Kündigung fragte: „Warum?“, habe ich ihr geantwortet: „*Ich möchte mich mehr um meine Selbstständigkeit kümmern!*“ Ja, das meinte ich ernst. Heute kann ich dir sagen, das „möchte“ hat nicht gereicht. Gleich ein paar Tage nach meiner neu gewonnenen Freiheit ging meine vage Idee von „*Ich kümmere mich jetzt um mein eigenes Unternehmen*“, schon wieder flöten, da mir eine Teilzeitanstellung angeboten wurde. Die konnte ich mit links bewerkstelligen. Ich beschwichtigte mich selbst, dass es dann mit dem Aufbau der Selbstständigkeit und der Klientengewinnung einfacher, finanziell sicherer und was weiß denn ich noch alles sei. Blödsinn, weitere 2-einhalb Jahre war ich dort, bis ich wieder kündigte.
Einer meiner Ausbilder sagte mir mal, dass es nach einer Coachingausbildung an die sieben Jahre dauern würde, bis man sich einen Kundenstamm aufgebaut hätte, damit man davon leben kann. Na bravo!
Die sieben Jahre waren noch nicht vorbei. Und dass die reine Haltung „*Ich möchte aber und das wird schon laufen*“ nicht reicht, war mir längst klar. Ich wollte auch nicht so richtig.

Das war mir noch nicht bewusst, ich sah es erst später aus der Rückschau und gestand es mir ein.
„Ich kann noch nicht genug, ich kann noch nicht alles, ich müsst' noch irgendwas dazulernen, ich brauche noch Zeit" und weitere einschränkende Glaubenssätze hatte ich in meinem Kopf.
Kennst du das vielleicht auch aus deiner Erfahrung?
Paradoxerweise kamen dennoch Termine und Klientenanfragen herein.
Es gab Klienten und Kunden, die sich meiner Meinung nach zu mir verirrt hatten.
Wie ich als Coach für mich und mein Business Positionierung schaffe, effektives Marketing betreibe und warum eine Spezialisierung zu Anfang so wichtig ist, davon hatte ich keine Ahnung. Sämtliches Marketing- und Businesswissen, das ich mir zuvor aufgebaut hatte, konnte ich für mich und meine eigene Selbstständigkeit damals nicht umsetzen.
Ich hatte ein Brett vor dem Kopf. Ich bot alles Mögliche an und hatte überhaupt keinen Fokus.
So meldeten sich also erste Klienten an. Was habe ich mich gefreut – bis zu dem Tag, an dem der Termin anstand.
„Ja, kann ich das denn? Was ist, wenn ich völlig am Thema vorbei gehe und wir keinen Schritt weiterkommen? Vielleicht sollte ich ihr eine Kollegin empfehlen?" … und weiß der Geier, was mir noch alles durch den Kopf ging.
Die Coachings sind immer top verlaufen. Mensch, war ich happy. Der reinste Energieschub! Dann war es wieder da, das Gefühl, die Idee: *„Ich möchte nur mehr meine eigenen Kunden haben und nicht mehr die, die zu mir kommen müssen, weil sie zugewiesen werden."* Bei meinen externen Beratungsaufträgen für

Trainingsinstitute wurden mir die Kunden und Klienten zugewiesen. Ich war ihre Beraterin, ob sie wollten oder nicht. Es ging immer sehr viel Zeit für den Beziehungsaufbau verloren, um überhaupt in einen positiven Beratungskontext zu gelangen und mit der eigentlichen Arbeit beginnen zu können. Die Kunden, die in meine eigene Praxis kamen, hatten sich schon im Vorfeld für die Arbeit mit mir entschieden. Ich wollte nur mehr eigene Kunden.

Da saß ich eines Tages wieder in meinem Teilzeit-Angestelltenzimmer des Projektauftrages in der Klientenbetreuung und die erste Klientin stürmte durch meine Tür.

„Ich habe einen Strafzettel von den Wiener Linien!“

„Na, nehmen Sie Platz. Darf ich mal sehen?“

„Ja, hab' ich aber oben in meiner Tasche.“

„Können Sie den Strafzettel bitte holen, sonst kann ich kein Ansuchen auf Stundung stellen oder nachweisen, dass sie einen Fahrausweis hatten.“ Die Dame rennt die Türe hinaus, in den zweiten Stock und kommt keuchend wieder in mein Zimmer und klatscht mir den zerfledderten Zettel auf den Tisch.

„Okay“, ich falte den Zettel auseinander, „Haben Sie Ihren Ausweis?“

„Oben in der Tasche“, antwortet sie wieder.

„Können Sie den bitte holen, damit ich was schreiben kann?“

„Ja, gleich“ und wieder rennt sie mit wehenden Fahnen in den Schulungsraum im zweiten Stock.

Strahlend streckt sie mir ihren Ausweis entgegen. Zu meiner Verwunderung hat sie ihre Tasche noch immer nicht dabei, na sollte ich noch was von ihr brauchen, kennt sie ja jetzt schon den Weg.

Das klingt jetzt vielleicht banal, aber das war wirklich ein Schlüsselerlebnis. Die 3 Minuten, in denen die Klientin wieder auf dem Weg nach oben war, um Strafzettel und Ausweis, jeweils extra, zu holen, stützte ich meinen Kopf in die Hände, schaute auf die Uhr, 8:30 h, und dachte mir: *„Ich halt das nicht mehr aus, das kann's ja nicht sein!"*

Ungefähr 2 Monate später habe ich gekündigt. Endlich war mein Maß voll.

Ich kann viel mehr, ich will viel mehr und ich will nur mehr mit Menschen arbeiten, die mit mir arbeiten wollen.

Ich begann mir diese fünf Fragen zu stellen:

- Mit wem will ich arbeiten?
- Was kann ich dieser Kundin geben, das sie noch nicht weiß?
- Wie soll sich meine Arbeit zusammensetzen?
- Will ich täglich arbeiten oder sollen es Seminare sein?
- Welches Geschäftsmodell will ich für mich?

Meine Erfahrung mit Kunden und Klienten zeigt mir, dass Leidensdruck das Hauptmotiv für einen ausschlaggebenden Handlungsimpuls ist. Die einen kommen in die Gänge, weil sie müssen, weil der finanzielle Druck, das Wohl der Kinder, das Bezahlen von ungeplanten Kosten etc. anfällt. Die anderen treffen eine Entscheidung, weil irgendeine Situation nicht mehr auszuhalten ist.

In den seltensten Fällen reicht die reine Begeisterung oder Freude als Impuls zur Handlung aus.

Mich voll und ganz für meine Selbstständigkeit zu entscheiden, habe ich niemals bereut, und wie du siehst, musste ich auch meinen Leidensdruck gehörig erhöhen, um aktiv zu werden.

Dir ist klar, dass sich, wenn du so weitermachst wie bisher, auch rein gar nichts ändern wird. Solange du noch nicht ganz klar hast, was du für wen und warum anbieten willst, kannst du keine Mission verfolgen und dein Profil nicht schärfen.
Du musst bereit sein, dich auf den Weg zu machen, mit allen Konsequenzen. Und ganz ehrlich, selbst wenn du dir zu anfangs ein „worst case"-Szenario ausmalst, es wird NIE etwas ganz Schlimmes passieren. Du gewinnst neue Erfahrungen. Hätte ich nicht falsche Entscheidungen getroffen und Dinge ausprobiert, die mir nicht lagen, wäre ich nicht dorthin gekommen, wo ich heute bin. Doch, wenn du nichts tust und das ist sicher, dann stehst du nicht für dich ein und kannst schon gar nicht erwarten, dass dich irgendwer, auch nicht deine Klienten, ernst nehmen und bei dir buchen werden.

„Du kannst dich nicht entscheiden, weißt nicht, wie der nächste Schritt aussieht?
Egal wofür, doch entscheide dich!
Und: ‚Go for it!'
Nur so kannst du den nächsten Schritt gehen, der dafür notwendig ist, um dorthin zu kommen, wo du hin möchtest.
Erfolg beginnt mit kleinen Schritten."

Katharina Boersch

Ich werde Coach!

Ich stelle dir Anna vor. Ich lernte sie Ende 2014 kennen und wir begannen zusammenzuarbeiten, da sich Anna nichts mehr wünschte, als von ihrer Selbstständigkeit leben zu können. Anna war in der Erwachsenenbildung tätig und baute sich ihre Selbstständigkeit neben ihrer Anstellung auf. Ein typischer Tag begann für sie so:

Anna sitzt gerade bei ihrem Frühstückskaffee in der Küche und blickt aus dem Fenster. Ihr bleiben noch 10 Minuten, dann muss sie los. Völlig mechanisch rührt sie mit dem Löffel weiter in ihrer Tasse. Ihre ganzen Termine huschen durch ihren Kopf: „Heute noch bis 17 Uhr in der Arbeit sein, dann muss ich noch zur Putzerei, meine Mutter will auch noch, dass ich vorbeikomme und abends würde ich gerne etwas unternehmen." Am Wochenende hat sie für gar nichts Zeit, schließlich geht es in den Endspurt ihrer Ausbildung. Vor 2 Jahren hatte Anna sich dazu entschlossen, eine Ausbildung für systemisches Coaching zu machen.
Wahnsinn, sie erinnert sich noch. Ganz high war sie, vor Aufregung, dass es geklappt hat. „Hach, ich werde Coach und mach mich selbstständig!" Ungebremste Wellen von Endorphin schossen durch ihren Körper, ständig hatte sie dieses breite, glückselige Lächeln auf ihren Lippen. Ihre Augen strahlten und sie war so unendlich glücklich und aufgeregt, dass es bald losgehen würde. Diese Wahnsinnsaufregung und das Gefühl der Freiheit, fast wie damals, als sie am Parkplatz das erste Mal knutschte. Es fühlte sich ein bisschen verrucht und verboten an.
„Ich mach eine Ausbildung zum Coach!", erzählte sie total euphorisch ihrer besten Freundin. „Und was kannst du dann?", fragte Ines. „Na, dann kann ich mich selbstständig machen! Ich möchte meine eigene

Praxis haben und Menschen helfen!" „Und was kostet das?", fragte Ines weiter. „Na ja, es sind schon 10.000 Euro", antwortete Anna. „Wahnsinn, das könnt ich mir nicht leisten", staunte ihre Freundin. „Cool, aber ich find das toll, musst mir dann unbedingt mehr erzählen", fuhr Ines fort.
Anna weiß auch noch nicht so genau, wie sie das Geld aufstellen soll, aber peu à peu wird das schon funktionieren, ein paar Ersparnisse hat sie und außerdem ist sie auch bereit, ihr Urlaubs- und Weihnachtsgeld zu investieren. Für die Ratenzahlung der Ausbildung zum Coach ist gesorgt. Außerdem spürt Anna, wie sehr sie sich dorthin gezogen fühlt und vor allem treibt sie die Sehnsucht, sich danach endlich selbstständig machen zu können, total an.
Nächstes Wochenende ist also Endspurt, das letzte Ausbildungswochenende. Während Anna noch immer gedankenversunken aus dem Fenster blickt, fällt ihr auf, wie schnell doch die Zeit vergangen ist. Intensiv und anstrengend war's. Was hat sie nicht geheult an diesen Wochenenden. Jetzt zögert sie ein bisschen und es wird ihr auch leicht mulmig, wenn sie daran denkt, dass sie bald fertig ist. „Vielleicht sollte ich mir einen Coach suchen, ich brauch doch danach sicher auch noch jemanden, so quasi als Supervisor", sagt sie sich. Ihre ganzen Kolleginnen werden ihr fehlen. All die Geschichten, Schicksale, Familiendramen und die berührenden Momente der Nähe.
Anna schreckt hoch, schüttelt ihren Kopf, blinzelt mit den Augen, kippt hastig den letzten Schluck Milchkaffee aus ihrer Tasse und seufzt: „Puh! Schluss mit den Gedanken!" Sie stülpt die Tasse in die Spülmaschine und macht sich schnell auf den Weg. Sie sollte vor 8:00 h im Büro sein.

Ihre Coachingausbildung hat Anna begonnen, weil sie vielen Menschen weiterhelfen wollte. Irgendwie hatte sie auch die Idee, dass sie dann jemand sei, etwas könne und ihre eigene

Coaching Praxis betreiben würde. Endlich selbstständig tätig sein, ein eigenes Büro haben, die eigene Praxis und viele interessante Klienten, das war ihr Traum.
Übrigens, das hab' ich mir auch gedacht, als ich mich zur ersten und zur nächsten Ausbildung entschlossen hatte. Du kennst das auch?
Ja, schon nach dem zweiten Ausbildungswochenende dachte ich mir: „Ha, das ist es!", und dann ging's schön langsam ans Eingemachte. Manche Ausbildungssequenzen waren emotional und körperlich sehr anstrengend und ich fragte mich, ob ich überhaupt vorankomme …
Ich entdeckte immer wieder neue Überzeugungen und Sichtweisen, die ich noch standhaft zu vertreten versuchte, obwohl sie mir nicht mehr dienlich, sondern hinderlich waren. Stück für Stück kam ich mir näher. Ich bin auch heute noch keine Weise, kein Guru oder sonst irgendwie eine Andere. Ich lerne einfach täglich etwas Neues an mir kennen und habe gelernt, neu aufkommende Hürden und blinde Flecken als Übung zu betrachten. Ganz nach dem Motto: „Schön, dass du wieder da bist, ich darf wieder üben!" Heute kenne ich mich viel besser und weiß genau, was mir guttut und was nicht.
Während der Coachingausbildungen tritt irgendwann ein Punkt ein, an dem wir uns nur mehr auf das Orten von „Problemen" konzentrieren.
Ich war in der Falle überall etwas zu Lösendes zu sehen, ein klassischer Fall von „*Coachingausbildung gerade absolviert*". Das kennst du vielleicht auch.

Und weil Anna jetzt auch überall sieht, was Menschen in ihrem Umfeld nicht alles brauchen könnten und wie schwer es sich Menschen doch

manchmal machen, beschließt sie, die gesamte Bandbreite bedienen zu wollen. Hat sie jetzt schließlich gelernt.
Zugleich träumt Anna davon, sich ihr eigenes Geschäft hochkarätig aufzubauen. Es soll ja nach etwas aussehen und sie will eine tolle Klientel bedienen, um irgendwann zu kündigen und voll und ganz von ihrer Selbstständigkeit leben zu können. So wünscht sie sich das. „Wenn ich dann alles professionell genug fertig habe, werden die Aufträge kommen", denkt Anna.
Ein schickes Büro soll her, Stil muss es haben. Keinesfalls möchte sie künftige Klienten in ihrem Wohnzimmer coachen. Nein, nein, Geschäftliches und Privates gehören getrennt. Außerdem überlegt sie sich, Workshops für Firmen anzubieten oder Trainings zu halten. Wenn sie dann die richtigen Kontakte hat, dann würde das schon laufen. „Ich werde viele neue Kontakte schließen und häufiger auf Netzwerktreffen und Veranstaltungen gehen", nimmt sich Anna vor.
Schließlich hat sie vor, sich etwas aufzubauen und ein gut florierendes Trainingsgeschäft zu betreiben.
Insgeheim hofft Anna jetzt schon auf den Knallerauftrag, der sie kündigen und endlich aus diesem fixen Angestelltenverhältnis aussteigen lässt. Sie will die muffige Kaffeeküche und den morgendlichen Small Talk der Kolleginnen hinter sich lassen. Anna hat mehr vor, mehr als diesen Betonbüroblock noch länger von innen sehen zu müssen. Sie hat keine Lust mehr, ihren Chefs weiterhin ständig die Arbeit abzunehmen und Mädchen für alles zu sein. Außerdem öden sie ihre Kollegen an. Lauter verkorkste männliche Kollegen, wie soll sie hier Männer von Welt treffen? Doch da draußen, in der anderen Welt der Selbstständigen, da findet sie eine andere Liga.

Vielen der Menschen, die ich im Rahmen meiner Tätigkeit treffe, geht es ähnlich. Ich stelle dir noch Diana mit ihrer Geschichte vor.

Auch Diana meldete sich bei mir, weil sie ihre Selbstständigkeit ausbauen wollte.

Diana hatte sich schon Unmengen von Informationen geholt und wusste gar nicht mehr, was sie jetzt wie für sich nutzen sollte und womit sie beginnen wollte. Diana hatte das Gefühl, den Überblick zu verlieren.
Diana ist sehr ehrgeizig und unglaublich umsetzungsstark.
Sie ist verheiratet, Mutter zweier Kinder. Sie will etwas bewegen, Menschen begeistern und ihnen helfen, ihre partnerschaftlichen Konflikte zu meistern und wieder Nähe und Innigkeit in der Familie und Beziehung aufzubauen. Diana will ihren Mann beruflich entlasten und das gemeinsame Familieneinkommen erhöhen. Diana will sich einen Namen machen und ihre eigene Beratungspraxis aufbauen. Sie will auch virtuell online arbeiten und viele Menschen erreichen.

Kommt dir das bekannt vor?
Du hast schon allerhand probiert und immer wieder das Gefühl, dass es nicht so richtig greift? Außerdem weißt du nicht, worauf du dich spezialisieren sollst und ob das überhaupt eine gute Idee ist?
Andererseits weißt du genau, dass es dein innigster Wunsch ist, erfolgreich zu sein und du bist auch bereit, neue Strategien umzusetzen?
Immer wieder habe ich die Erfahrung gemacht, dass sehr gut ausgebildete Frauen glauben, sie müssen noch eine zusätzliche Ausbildung absolvieren, um dann ihr Business zu beginnen. Interessanterweise können sie sich damit wirklich lange aufhalten und sich weiterhin einem geglaubten Defizit zuwenden, statt ihre bereits vorhandenen Ausbildungen,

Berufserfahrungen und Kompetenzen zu vereinen, um daraus ein großartiges Business zu starten.
Einer meiner Mentoren, Herbert Mikisch, sagte zu mir: „Selbst lebenslänglich ist bei guter Führung nach 20 Jahren vorbei!“, ich liebe diesen Satz.
Ich sage dir, es ist Zeit. Die richtige Zeit, JETZT zu starten.
Du kannst schon genug!
Du brauchst nur deine Entscheidung, ein „Ja“ zu dir mit allen Konsequenzen.
Wie du deine Message findest und für dich und dein Angebot Positionierung schaffst, wozu du diese brauchst und wie es dir gelingt, die richtige Klientel anzusprechen, zeige ich dir in „Perspektivenwechsel mit System“.
Ich gebe dir auch Arbeitsblätter und Trainingsmaterial an die Hand, damit du dranbleibst und in die Umsetzung kommst. Beginne deine Selbstständigkeit weiter auszubauen.
Lade dir am besten gleich jetzt die ersten Arbeitsblätter herunter, damit du sie schon während des Lesens verwenden und dein Business klar positionieren kannst:
www.katharinaboersch.com/unterlagen_perspektivenwechsel

Auf den Punkt gebracht:

- Menschen entscheiden sich, wenn der Leidensdruck groß genug ist.
- In den seltensten Fällen reicht die pure Freude aus, um ins Handeln zu kommen.
- Du kannst schon genug, um es die Welt und vor allem deine Kunden wissen zu lassen.

„Ein ‚Ja' ist eine Entscheidung, der du dann folgst, wenn alles in dir ‚Ja' sagt und du definitiv spürst, dass es JETZT an der Zeit ist, eine neue Ära zu betreten.
Ein ‚vielleicht' heißt, dass weiterhin alles mit dir passiv passieren darf und du dein Leben nicht selbst steuerst, geschweige denn, dich und dein Potential in den Mittelpunkt deiner Interessen und Träume rückst.
Ein ‚ich kann's mir nicht leisten' ist die kostspieligste aller Ausreden, sie kostet dich nicht nur sämtliche verpasste Chancen, sondern auch die Achtung deiner selbst und oftmals deine ganze Existenz."

Katharina Boersch

Die Selbstständigkeit beginnt

Erinnerst du dich noch an den Zeitpunkt, als du dich entschieden hast, dich selbstständig zu machen?
Anna war unglaublich stolz, als es bei ihr soweit war.

Yeah, geschafft! Anna hat ihr Curriculum fertig, das Praktikum ist abgeschlossen und zig Protokolle zieren ihren Ordner, alle Unterlagen sind bei der zuständigen Behörde eingereicht. Heute kann sie ihre Zulassung abholen.
Anna hat schon alle Hebel in Bewegung gesetzt, sich nach Praxisräumen umgeschaut, einen Fotografentermin vereinbart und, wie könnte es anders sein, als angehende Unternehmerin natürlich auch eine Freundin gefunden, die ihr eine tolle Webseite bastelt.

Auch von Diana habe ich dir vorhin schon kurz erzählt. Sie möchte im nächsten halben Jahr ihre Selbstständigkeit so aufstellen, dass sie gut davon leben kann. Diana ist sehr ehrgeizig und unglaublich tatkräftig in ihrer Umsetzung.
Das fiel mir bereits bei unserem ersten Gespräch auf. Diana hat eine Entscheidung getroffen. Unser erstes Gespräch führten wir an einem Freitagmorgen um 7:30 h und arbeiteten dann gemeinsam an ihrer Positionierung und ihrem Portfolio.

Auch Diana hat sich entschlossen, Menschen zu helfen und vor 6 Monaten ihre Ausbildung zur Heilpraktikerin abgeschlossen. Sie hat in einer Gemeinschaftspraxis einen Raum angemietet und durfte sogar ein Praxisschild anbringen. Diana träumt davon, ihren Job in absehbarer Zeit an den Nagel hängen zu können.

Sie setzt ihre eigene Webseite auf, verbringt Stunden, Nächte und Tage damit, sich in die Technik einzuarbeiten. Die größten Schwierigkeiten hat sie aber damit, sich auf einen Preis festzulegen. Diana hat das Gefühl, dass 90 Euro die Stunde für eine Beratung bei ihr schon recht hoch gegriffen sind. Ihre Klienten sind junge Paare, die nicht gerade zahlungskräftig sind und gerade ihr erstes Kind bekommen haben. Außerdem fragt sie sich, wie sie überhaupt an so viele Klienten kommen soll, damit sie und ihre Familie davon leben können.

Doch was kann sie tun? „Ich habe das Gefühl, ich brauche noch Unterstützung. Ich weiß gar nicht, wo ich beginnen soll, um Kunden zu erreichen und wie ich meine Preise festsetzen soll. So vieles gibt es schon. Was biete ich an? Soll ich einen weiteren Kurs machen? Brauche ich noch eine Ausbildung oder soll ich mir einen Mentor suchen?", fragt sie. „Ich brauche jemand Fachkundigen, der mich begleitet und anleitet." Diana wünscht sich Sicherheit, jemanden, der ihr sagt, was jetzt wie zu tun sei. Irgendwie kommt sie sich auch albern vor und ist ein wenig ängstlich. Kann das klappen, wird das überhaupt je was werden? „Warum soll das genau mir gelingen? Das Leben hat mich doch schon reichlich beschenkt, mit meinem Mann und meinen Kindern."

Diana und Anna fehlt die Klarheit, beide sind gut in dem, was sie tun, doch sie wissen nicht, wie sie hier wem was anbieten können. Sich selbst vermarkten? Brauch ich das, nützt das was, wo fang ich an?

Mit diesen Herausforderungen sind sie nicht allein.

Diana und Anna begannen ihre Visitenkarten zu entwerfen und drucken zu lassen, richteten sich Coachingräume ein und gaben ihre Webseiten in Auftrag.

Außer einem inneren Gefühl von immenser Vorfreude tat sich nicht viel.
Wieso? Keine der beiden hatte sich zu irgendeinem speziellen Thema bekannt. Keine hatte sich positioniert. Sie handelten frei nach Gefühl und teilten beide die Überzeugung: „Jetzt, wo ich da bin, werden die Klienten schon kommen."
Sie schöpften aus ihrem großen Portfolio. Unternehmensaufträge waren genauso willkommen wie Privatklienten. Konfliktmanagement, Beziehungsberatung, Ängste, Lernschwierigkeiten, Klangschalentherapie, Schüssler Salze, Mediationsberatung und Kommunikationstrainings. Für jeden war etwas dabei. Sie wollten durch das große Angebot viele neue Kunden bekommen.
Nichts passierte! Ganze Curricula wurden verfasst, um auf den großen Erfahrungsschatz hinzuweisen und die langjährige Berufserfahrung und Methodenkompetenz zu unterstreichen.
Genau den gleichen Blödsinn habe ich auch gemacht. Immer noch mehr draufgepackt und angeboten. Gruppenworkshops wurden zu Einzelstunden, weil die Gruppe nicht zustande kam. Mir zieht es heute noch alles zusammen, wenn ich auf eine Webseite komme, wo so viel drauf ist, dass ich schon gar keine Informationen mehr finde und auch gar nicht erahnen kann, was der gute Mensch mir da als Leserin zu offerieren und erzählen versucht.
Die Kunst liegt darin, auf den Punkt zu bringen, worin deine Leistung liegt und wobei du jemandem konkret helfen kannst. Das „Wie" ist nicht so entscheidend. Welche Techniken und Methoden du wann und warum nutzt, erlernt hast und anwendest, darfst du in den Hintergrund stellen. Das ist

deinem Kunden egal, Hauptsache es wirkt und das Ergebnis stimmt.

Auf den Punkt gebracht:

- Wenn du alles anbietest, erreichst du niemanden.
- Deine Coachingmethoden und -techniken sind für deine Kundin nachrangig.
- Für deine Kundin zählt einzig und allein ihr Nutzen.

„Selbstzweifel sind dazu da, um dich daran zu erinnern, wer du bist, deinem Gefühl Raum zu geben und die Angst zu spüren. Dorthin geht deine größte Sehnsucht, denn genau dort liegt dein Potential!"

Katharina Boersch

Das Coaching Business

Coaches und Trainer gibt es wie Sand am Meer. Die Tendenz ist steigend. Dennoch ist das Wunderbare an diesem Markt: Das Bewusstsein der Gesellschaft und die Bereitschaft der Menschen, sich begleiten und coachen zu lassen, steigt auch.

Coaching und Training sind Märkte mit Wachstumspotential. Glaube nicht, nur weil es etwas schon gibt, bräuchte es niemand mehr. Ganz im Gegenteil, das ist ein Indiz dafür, dass Bedarf vorhanden ist. Wir alle, auch langjährige Branchenkenner, wollen, brauchen und buchen uns einen Coach oder Mentor.

Der Wunsch nach persönlichem Wachstum, der Wunsch

nach neuen Perspektiven und die Bereitschaft, sich selbst zu reflektieren und zu erkennen, wächst stetig.
Ich kenne keinen Coach, der seine Tätigkeit nicht liebt, das „Aha"-Erlebnis seiner Klienten, die geweinten Tränen, die zu leuchtenden Augen führen, das glückliche Lächeln nach neu errungener Einsicht oder Erkenntnis, das Lösen eines großen Knotens im Magen, der zuvor unlösbar, ja nicht einmal benennbar, erschien. Diese Momente lassen nicht nur deine Klienten wachsen, sondern auch dich.
Es gibt nur einen ganz großen Haken, warum es nur so wenige schaffen, in diesem Business wirklich Fuß zu fassen, sich zu etablieren und ein profitables Geschäft aufzubauen.
Viele Menschen, Coaches, Trainer, Einzelunternehmer und Dienstleister haben noch nicht gelernt, sich für ihr Spezialgebiet zu positionieren, ein klares Problemfeld und Thema zu benennen. Sie können sich nicht vermarkten, trauen sich nicht in die Welt hinauszugehen und ihr Können, ihre Begeisterung für ihre Arbeit passend zu kommunizieren, damit genau ihre potentielle Klientel auf sie aufmerksam wird. Sie fangen einfach irgendwie an und kommen oft bald ins Straucheln. Es stellen sich keine Ergebnisse ein.
Ich kenne das nicht nur aus eigener Erfahrung. In der Arbeit mit meinen Klientinnen heute beobachte ich es auch: Sie haben Sorge, sich nur auf ein Thema und auf eine klare Zielgruppe zu spezialisieren, haben Angst, damit irgendjemanden außen vor zu lassen. Sie glauben, sie könnten dann alles andere nicht mehr machen. Haben Angst sich festzulegen und zu spezialisieren.
Ich versichere dir aus meiner Erfahrung: Dein Thema klar zu benennen, ist der richtige Weg, dich und deine Arbeit

sichtbar zu machen und für deine Expertise bekannt zu werden.
Deine Kunden werden dich lieben. Das tun sie bestimmt jetzt schon, doch je klarer dein Statement am Markt wird, desto größer wird dein Bekanntheitsgrad und dein geschäftlicher Erfolg. Diese Klarheit hilft dir und deinen potentiellen Klienten.
Ich hatte früher auch ein bisschen Angst, dass keiner kommt, dass das nichts wird. Aber noch größer war die Angst, dass es klappen könnte! Ich habe lange an einem meiner hartnäckigsten Verhinderer, dem Glaubenssatz: „*Dass alles nur was wert sei, wenn es recht schwierig ist*" herumgedoktert. In allen Facetten hat er immer mal wieder zugeschlagen – von vorne, von hinten und von der Seite.
Um dir dein Unternehmen, dein Business aufzubauen, brauchst du Mut, Entschlusskraft, Disziplin, Durchhaltevermögen und natürlich eine Strategie.
Einfach loszustarten, ohne dir vorher zu überlegen, wo du einmal hin möchtest und deine eigenen Etappenziele zu definieren, führt dich nicht weit.
Halbherzig etwas anzufangen, bringt so manche Menschen dazu, ihre Motivation zu verlieren. Vor lauter Enttäuschung kippen sie in ein defizitäres Denken, suchen Entschuldigungen, bemitleiden sich und fühlen sich schlussendlich ganz klein.
Fange gleich an, speziell zu sein!
Erst als ich meine Kompetenzen klar herausgearbeitet und mir überlegt habe, wer meine Wunschkundin ist, ein detailliertes Profil von ihr erstellt habe, konnte ich das Problem meiner künftigen Kunden beim Namen nennen. Das hat

mein Business regelrecht nach vorne katapultiert und Klarheit für mich und meine Kunden geschaffen.
Was diese Klarheit mit dir und deinem Angebot zu tun hat und wie du sie zu deinem besten Verkäufer machst, erkläre ich dir im nächsten Kapitel.
Immer wieder erlebe ich in Beratungen, dass Coaches, Berater und Trainer zwar gerne mehr Klienten hätten, sehr vieles können und sich doch nichts tut.
Diese Menschen haben Probleme auf die Frage *„Was machst du denn beruflich?“* zu antworten.
Hm, einen Gewerbeschein nennen, total unspezifisch, was sagt das schon aus? Oft hört es sich so an: *„Na ja, ich helfe Menschen, die Probleme haben – das kommt ganz darauf an, worum es bei demjenigen geht …“* Die letzte Rettung, wenn sie sich dann selber reden hören, ist, dass sie noch dranhängen: *„Letztens hatte ich zum Beispiel einen Klienten, da haben wir …“* – kein Wunder, dass dann keiner versteht, was, wofür und vor allem warum.

Auf den Punkt gebracht:

- Fokussiere dich auf ein Thema.
- Fang gleich an, speziell zu sein.
- Nimm dir nur ein Problemfeld deiner Kunden heraus.

„Um wieder in dein Urvertrauen zu kommen, ist es wichtig, anzunehmen, dass gerade ALLES, so wie es JETZT ist, genau richtig ist!“

Katharina Boersch

Klarheit schaffen

Als ich begann, mir zu überlegen, was mir richtig Spaß macht und zu sortieren, welche meiner Kompetenzen ich in mein Business einbringen will, lichtete sich der Wald ein wenig.

Des Rätsels Lösung liegt in dir selbst und NICHT ausschließlich in der Nachfrage – das mag ein wenig kryptisch klingen, aber so ist es.

Fang bei dir selbst an und lass' die ganzen „Was könnte der Kunde brauchen?"-Gedanken mal beiseite.

Dein Kunde will nicht lange suchen und aus deinen unterschiedlichsten Angeboten wählen müssen. Je mehr Angebot, desto weniger Käufer. So gibst du ihm das Gefühl, dass du alles kannst und nichts davon besonders gut. Er will deine Leistung und dein Angebot so lesen und hören, dass ihm gleich klar wird: Das will ich, das brauche ich. Dann wird er bei dir buchen.

Das passiert nur, wenn er weiß, wofür du bekannt bist und was er bei dir bekommt, nur darauf kommt es an:

„Warum soll er gerade bei dir buchen?"

„Was bringt ihm die Arbeit mit dir, was tust du für deinen Kunden?"

Das sind elementare Fragen für den Aufbau deines Business und deiner Selbstständigkeit.

Wenn du noch nicht recht weißt, was du richtig gut kannst, dann frage dich, was du so richtig gerne machst.

Hier habe ich dir eine Übung zusammengestellt, die dir schnell und einfach deine Kernkompetenzen aufzeigt. Lade sie dir gleich herunter und mache die Übung, bevor du weiterliest: www.katharinaboersch.com/unterlagen_perspektivenwechsel

Ich habe eine strategische und analytische Herangehensweise, Dinge anzugehen. Es fällt mir leicht, komplizierte Dinge in Einfache herunterzubrechen und Menschen dadurch sehr gut zu motivieren und anzuleiten. Sie finden Fokus und einen klaren Weg.
Nach ein paar Fragen, die ich meinen Kunden stelle, filtere ich heraus, wo ihr Potential liegt und zeige ihnen auf, in welchen Bereichen ihre Kernkompetenzen bereits vorliegen und wie sie diese am besten einsetzen. Oft liegt die Expertise im eigenen Weg und den bereits gemeisterten Hindernissen und Schicksalsschlägen. Durch dieses zielgerichtete Vorgehen erreichen meine Kunden Klarheit über ihre Positionierung und gelangen in eine rasche Umsetzung der notwendigen Schritte.
Für meine eigene Klarheit war es wichtig, mir folgende Fragen zu beantworten:

- mit WEM möchte ich arbeiten
- WIE möchte ich arbeiten und
- WAS möchte ich anbieten

Meine Antworten:
Mit WEM – mit Coaches und Unternehmern, die schon sehr viel in ihre Ausbildungen investiert haben und nichts lieber wollen, als mit ihrer Selbstständigkeit so richtig durchzustarten. Menschen, die jetzt ihr eigenes Unternehmen ausbauen.
WIE – ich mag sowohl im Einzelsetting arbeiten, als auch in der Gruppe – daher habe ich mein Angebot so abgestimmt, dass ich sowohl in Kooperationen (also auch im Team) und in der Gruppe mit mehreren Menschen arbeite. Ich biete

auch gezielt Einzelsettings an, in denen ich mit Klienten über einen längeren Zeitraum im 1 : 1 arbeite.
WAS – je spezifischer ich in meiner eigenen Positionierung wurde, umso klarer wurde auch mein Angebot: Mit Beratern, Coaches und Trainern deren Angebot und Portfolio zu spezialisieren, um sich optimal vermarkten zu können und ihr Business wachsen zu lassen. Ich konnte damit „raus gehen" und dafür sorgen, dass meine Kunden mich finden, statt darauf zu warten, dass mich irgendwer findet, dem ich gar nicht helfen kann oder will.
Wie ging es dir bei der Übung? Hast du sie schon gemacht? Wenn du die Übung durchgeführt hast, lies weiter, falls noch nicht, dann mache sie jetzt.
Je intensiver du dich mit dir und diesen Fragen auseinandersetzt, umso mehr gehst du ins Detail und erhältst Klarheit.
Alle Ausreden, von wegen „*Ich habe noch keine Räumlichkeiten*", „*Ich möchte erst in ein paar Monaten starten*", oder „*Ich bin noch nicht so weit*", lass' ich nicht gelten. Indem du mehr Klarheit erreichst und viel einfacher denkst, als du es bis dato getan hast, bekommt dein Angebot Hand und Fuß. Deine Kunden wissen dann plötzlich, „was sie bei dir kriegen" und werden dein Angebot wahrnehmen.
Das ist ein intensiver Prozess und ich empfehle dir, jeglichen Gedanken, alles was dir dazu einfällt, aufs Papier zu bringen.

Es gibt bestimmt etwas, das du besonders gut kannst, etwas wofür dich wahrscheinlich Menschen schon dein Leben lang geschätzt und um Rat gefragt haben. Die ein oder andere Eigenschaft oder Gabe, die dich besonders macht. Dinge,

die du in deinem Leben bereits bewerkstelligt hast, auf deine ganz besondere Art.
Lass uns deine eigenen Schätze anschauen. Ein Blick in deine Ressourcenkiste! Hierzu ein paar Fragen:

- Hast du eine besonders brenzlige Situation überlebt?
- Mehrere Umzüge und Wohnungswechsel gemeistert?
- Einen nervenzehrenden Prozess überstanden?
- Ein Nahtoderlebnis gehabt?
- Eine verfahren geglaubte familiäre Situation aufgelöst?
- Mann, Haus, Hof und Kinder verloren?
- Eine schwere Krankheit gemeistert?
- Eine schwierige Beziehung bewerkstelligt?
- Zwanzig Kilo abgenommen?
- Jahre in einer führenden Position verbracht?
- Einen dir nahestehenden Menschen verloren?
- Bist mit deinen Kindern an deine Grenzen gekommen und hast es geschafft?

Welche deiner Eigenschaften und Fähigkeiten haben dir in diesen Situationen geholfen, sie zu meistern?
All diese Erfahrungen aus deinem Leben und deine beruflichen Kompetenzen machen dich aus und sind wunderbare Ressourcen, aus denen du schöpfen kannst.
Vielleicht meinst du jetzt immer noch, das sei nichts Besonderes, du hättest keine Wahl gehabt? Lass dir sagen: Natürlich ist es etwas Besonderes, etwas das nur du auf deine Art gemeistert hast!
Das ist der erste Schritt zu deiner „Ist-Analyse".
Paradoxerweise fällt es vielen Menschen oft am schwersten,

das zu benennen, was sie schon gut können. Gerade weil es ihnen leichtfällt und es ihnen völlig normal vorkommt. Diese Erfahrungen stellen jedoch Kernkompetenzen deiner Positionierung und deines Alleinstellungsmerkmales am Markt dar.

Auf den Punkt gebracht:

- Warum soll dein Kunde gerade bei dir buchen?
- Was bringt ihm die Arbeit mit dir?
- Mit wem möchtest du wie an was arbeiten?
- Welche Situationen hast du schon erfolgreich gemeistert?
- Was zeichnet dich aus?

„Dein Herz zum Strahlen zu bringen ist das Einzige, das dir Authentizität und Vertrauen bringt. Vertrauen in dich und die Welt. Die Kraft, die dich wirklich weiterkommen lässt."

Katharina Boersch

Dein Fahrplan – deine Strategie

Ich gebe dir 10 praktische Schritte an die Hand, die dir helfen, deine Spezialisierung und deine Kernkompetenzen herauszufiltern, um dein Angebot fokussierter anzubieten und dir deine Positionierung zu schaffen.
Setzen wir deine Ist-Analyse fort:
Du möchtest deine Selbstständigkeit voranbringen, bist aber noch ein wenig unschlüssig, was du für wen anbietest? Oder hast den Eindruck, dass dir ein wenig Feinschliff fehlt?
Fazit: Die Anzahl der Anfragen und Buchungen darf höher sein.
Resümee: Deine Kunden verstehen noch nicht ganz, was du anbietest.
Lösung: Kunden kaufen, weil sie deine Lösung brauchen oder weil sie etwas unbedingt haben wollen. Kommuniziere mit deinen Kunden, sprich in ihren Ergebnissen. Es zählt einzig und allein der Kundennutzen. Kommunizierst du den tatsächlichen Nutzen?
Schau dir dein Angebot von außen an und setze dazu die Kundenbrille auf.

Feedback und Kompetenzen

Schritt 1

Als ersten Schritt empfehle ich dir, deine Kollegen oder auch bisherige Klienten, um ein kurzes Feedback zu bitten. Am besten per E-Mail. So lernst du deine eigenen Stärken und Qualitäten besser kennen, auch solche, die du im Moment vielleicht selber noch gar nicht beachtet hattest.
Du fragst sie:

- Was sie in der Zusammenarbeit mit dir besonders geschätzt haben,
- Welche 2–3 konkreten Veränderungen sich nach eurer gemeinsamen Arbeit eingestellt haben und
- Wo sie heute stehen.

Ich bin mir sicher, du wirst überraschende Antworten erhalten und kannst, nachdem du deine Feedbackgeber um Freigabe und Erlaubnis gebeten hast, diese Kundenstimmen in deinen Businessauftritt und deine Präsentation mit einbauen. Diese Rückmeldungen und Kundenstimmen bringen sofort ein klares Statement zu deinen bereits vorhandenen Fähigkeiten und Kompetenzen – für dich und deine potentiellen Kunden. Das stärkt nicht nur deinen (Selbst-)Wert, sondern liefert dir auch „Social Proof". Dieser soziale Beweis, den du auf deiner Webseite einbauen kannst, hilft neuen Interessenten, sich von dir und deiner Arbeit ein Bild zu machen und Vertrauen in deine Expertise aufzubauen. Dieser Beziehungs- und Vertrauensaufbau ist für deine neuen Kunden sehr wichtig und hilft ihnen bei der Kaufentscheidung. Dich stärkt er in deiner Positionierung und deinem Branding als Expertin.
Dieser Fokus schafft dir die Gerade in den Ziellauf.
Schaffe dir anfangs vorausplanbare Umsätze, die dir deine Selbstständigkeit und deinen weiteren Businessaufbau sichern, ohne unter Druck zu geraten. Hierzu kreierst du in der Folge dein Premiumangebot und einen Plan, woraus sich deine Umsätze überhaupt zusammensetzen sollen.
Es kann gut sein, dass du eine Anstellung auf Teilzeit reduziert hast, um deine Selbstständigkeit nebenbei aufzubauen.

Auch hier zählt dein eigenes Agreement dir gegenüber. Willst du wirklich mit deinem Business durchstarten und bist du bereit den Weg zu gehen, auch wenn sich die Früchte nicht über Nacht einstellen?

Bist du in der Situation, dass es finanziell schon eng für dich ist, suche dir als erstes ein fixes Nebeneinkommen, um weiter – ohne finanziellen Druck und fokussiert – an deinem Aufbau arbeiten zu können.
Fährst du allerdings die „Jetzt oder nie – Strategie“, verfeinere die Ausarbeitung deines Wunschkunden und skizziere die für ihn notwendigen Schritte, um sein gewünschtes Ziel zu erreichen. Daraus ergibt sich dein magisches Angebot. On- und offline proaktiv zu werden, für deine Sichtbarkeit zu sorgen, gehört natürlich dazu, damit deine Kunden auf dich aufmerksam werden.
Die Analyse deiner Stärken und Kompetenzen ist ein wesentlicher Ausgangspunkt deiner unternehmerischen Tätigkeit und deines Kompetenz-Profils, welches du in weiteren Schritten aufbauen wirst.
Frag dich:

- „Wofür will ich bekannt sein?“
- „Wie viel will ich pro Jahr verdienen?“
- „Was kann ich besonders gut und was macht mir am meisten Spaß?“
- „Wobei kann ich Menschen helfen?“
- „Wo siehst du dich in den nächsten Jahren?“

Trau dich, groß zu träumen, damit du strategisch die Brücke von hinten aufziehen kannst und die Schritte gehst, die notwendig sind, um bei Punkt B, deinem Ziel zu landen.

Auf der Ressourcenseite habe ich dir folgende Arbeitsblätter zur Verfügung gestellt:

1. Dein Wunschkundenreport
2. Dein magisches Angebot

Bitte lade sie dir jetzt herunter. Es ist wichtig, dass du sie durcharbeitest, bevor du weiterliest:
www.katharinaboersch.com/unterlagen_perspektivenwechsel

Auf den Punkt gebracht:

- Vertrauensaufbau stärkt die Kundenbeziehung.
- Hol dir schriftliches Feedback ein.
- Testimonials verschaffen dir Social Proof.

„Im Leben geht es nicht darum, darauf zu warten, dass das Unwetter vorbeizieht, sondern zu lernen im Regen zu tanzen!"

Dein Wunschkunde

Schritt 2

Beginne im zweiten Schritt mit der Ausarbeitung deines Wunschkunden. Das werden die Kunden sein, die auf dein Angebot reagieren. Nicht jede einzelne Kundin wird exakt dem ganzen Profil entsprechen, doch sie hat sich mit Teilaspekten deines Kundenprofils identifiziert und fühlt sich

angesprochen. Dein Kundenprofil ist der Kernpunkt, um deine Positionierung zu schaffen, das Problem deiner Zielgruppe zu erfassen und dein Angebot punktgenau darauf auszurichten.
Dein Wunschkunde ist dein idealer Käufer, deine ideale Klientin. Die Person, mit der du am liebsten zusammenarbeitest. Der Grundstein für deine Zielgruppenansprache.
Hier darfst du sowohl wählerisch als auch erfinderisch sein. Sobald du diese Person klar vor Augen und zuvor auf Papier hast, kannst du die Rolle wechseln und ihre Perspektive einnehmen.
Welche Probleme kann deine ideale Kundin nicht selbst lösen, welche Wünsche und Bedürfnisse hat sie? Hier setzt du später mit deinem Beratungsangebot an.
Beantworte für dich folgende Fragen:

- Wie lebt deine ideale Klientin?
- Wie heißt sie und wie alt ist sie?
- Hat sie Familie, Kinder oder ist sie Single?
- Lebt sie in der Stadt oder auf dem Land?
- Wo hält sie sich in ihrer Freizeit auf?
- Welcher beruflichen Tätigkeit geht sie nach?
- Ist sie in einer großen Firma beschäftigt?
- International tätig, Reisende oder Sachbearbeiterin?

Die Beantwortung dieser Fragen ermöglicht dir, herauszufinden, wo du ansetzen kannst, was deine Kundin braucht und wo du sie erreichen wirst.
Um dir diesen Prozess zu veranschaulichen, lade ich dich wieder zu einem Blick auf Diana und Anna ein.

Dianas ideale Klienten sind z. B. junge Paare, die gerade Eltern wurden, also ihr erstes Kind bekommen haben.
Dieses junge Paar hat folgende Problemstellungen:
Die Beziehung definiert sich neu, Überforderung und neue Herausforderungen klopfen täglich an der eigenen Türe an und, und, und.
Wo wird sich Dianas Klientin als junge Mutter aufhalten?
Zum Beispiel beim Babyschwimmen und in Hebammenpraxen.
Und was heißt das für Diana? Dass sie genau dort für Sichtbarkeit sorgen muss, wo sich ihre idealen Kundinnen aufhalten.

Diana fing an, in einer ihr bereits bekannten Hebammenpraxis Vorträge zu halten, mit dem Erfolg, dass sie nicht nur neue Klienten gewonnen, sondern auch gleich einen Multiplikator gefunden hat. Die Hebammen wurden zu Empfehlungsgebern und empfehlen Diana regelmäßig an junge Mütter.

Anna ist sich darüber klargeworden, dass ihre größte Stärke darin liegt, Teams zu motivieren, zusammenzuführen und bei der Erbringung von Höchstleistungen zu begleiten. Weil Anna selbst lange in einer Bildungsinstitution beschäftigt war, lagen hier ihr größter Ressourcenschatz und ihre wahre Kernkompetenz. Für ihre Positionierung hat sie sich auf Projektleiterinnen von Bildungsprojekten der Erwachsenenbildung spezialisiert. Diesen Klientinnen hilft sie dabei, ein ausgewogenes, hochmotiviertes Team zu schaffen und zu leiten, ohne sich überlastet zu fühlen.

Dein Wunschkunde ist eine reale Person.
Überlege dir, welche Kunden dir am liebsten sind, mit wem du schon gearbeitet hast, oder mit welchen Menschen du gerne arbeiten möchtest.
Wenn du bis dato noch keine eigenen Klienten hattest, dann frage dich, mit welchen Arbeitskollegen oder Arbeitgebern du sehr gut zurechtgekommen bist und gerne zusammengearbeitet hast. Welche Eigenschaften hatten diese Personen, was hat dich besonders angesprochen?

Genau hier setzt du mit deiner Kompetenz und deinem Angebot an.

- Was lässt deine Wunschkundin nachts nicht schlafen?
- Was wünscht sie sich?
- Was kann sie alleine nicht lösen?
- Wofür würde sie alles geben, um es loszuwerden?

Erst wenn du deinen Wunschkunden ausgearbeitet hast, kannst du dich an ein Angebot für deine konkrete Zielgruppe machen.
Es braucht Einkehr und ein In-Dich-Hineinhorchen, um mit deiner eigenen inneren Stimme Klarheit zu schaffen.
Nur wenn du ganz genau weißt, wer dein Wunschkunde sein soll, kannst du ein passendes Angebot kreieren und es mit deiner Werkzeugkiste an Tools entsprechend anbieten und dich positionieren.
Dein künftiger Kunde ist dein von dir HEUTE kreierter Wunschkunde!
Skizziere ihn so genau wie möglich! Du musst ihn dir zuerst porträtieren, sowohl im Kopf als auch auf dem Papier.

Weil du genau dann diese „eine" Person ansprechen kannst. Du kennst ihre Nöte, Bedürfnisse und Probleme, sprichst ihr genau aus der Seele.
Es gibt ganz viele deiner Wunschkundinnen und sie haben bis jetzt noch keine Chance bekommen, dich zu finden.
Gib Ihnen die Möglichkeit, von dir und deiner Arbeit zu erfahren. Keine Sorge, dass sich nicht die richtigen Menschen angesprochen fühlen oder du irgendwelche Zielgruppen außen vorlässt, nein, du wirst in deinem Fokus und deiner Kommunikation wesentlich klarer und ziehst daher genau die passenden Kunden an, die mit dir arbeiten wollen und schon auf dein Angebot warten.
Es sind vorqualifizierte Interessenten, die dich und deine Dienstleistung wahrgenommen haben, Vertrauen aufbauen und ihre Kaufentscheidung treffen, um ihr Problem mit dir gelöst zu wissen.
Als ich begonnen habe, meine Webseite neu aufzusetzen und alles, was ich davor „für jeden und alle" angeboten habe, zu löschen, ist es mir durch die Konzentration auf meinen idealen Kunden wesentlich leichter gefallen, die Sache beim Namen zu nennen: Kommunikation, die meine Zielgruppe erreicht.
Warum? Ich konzentriere mich beim Schreiben ausschließlich auf meine Wunschkundin.
Du wirst dich vielleicht fragen, was du tun sollst, wenn du mehrere ideale Kunden hast? Ich empfehle dir: Fang definitiv mit einer einzigen idealen Kandidatin an. Aus meiner Erfahrung weiß ich, dass du durch die Rückmeldungen und Anfragen deiner Kunden automatisch mit ihren Anliegen und Problemstellungen konfrontiert wirst und sich hier genug Anre-

gungen für neue Produktideen oder weitere Beratungsangebote zeigen werden. Variierst du ständig zwischen unklaren oder verschiedenen Kundenprofilen, änderst deine Zielgruppe und die Menschen, die du erreichen möchtest, laufend, so verlierst du deinen Fokus und deine Expertise leidet. Verwirrte Kunden kaufen nicht. Deine Wunschkundenskizzierung nennt sich Kundenavatar oder idealer Kunde.
Eine meiner Kundinnen ist seit mehreren Jahren als Social Media-Beraterin selbstständig. Sie erhielt dank ihres Wissens, sich über das Internet zu vermarkten, regelmäßig neue Anfragen und Aufträge, jedoch waren die Kunden so verschieden, dass ihr die Arbeit nicht den Spaß machte, den sie sich wünschte. Erst seit sie hier eine enge Linie zog und ganz klar herausstellte, wer ihre idealen Kunden, ihre Wunschkunden, sind und sich auf ein einziges Problem dieser Zielgruppe spezialisiert hat, katapultierte sie das in eine Verdoppelung ihrer Umsätze. Jetzt hat sie erst recht den Spaß an ihrer Arbeit, nach dem sie sich sehnte.

Ich habe für dich ein Audio aufgenommen, in dem ich dir ganz genau erkläre, wie du deinen Wunschkunden und idealen Klienten skizzierst. Hör dir das Wunschkundenkonzept jetzt an:
www.katharinaboersch.com/unterlagen_perspektivenwechsel

Auf den Punkt gebracht:

- Skizziere dein Wunschkundenprofil.
- Definiere seine momentanen Problemstellungen.
- Was wünscht sich dein Kunde?
- Wobei genau kannst du ihm helfen?

„Es lebt sich viel leichter, wenn du gut über dich denkst.“
Katharina Boersch

Die Säulen deiner Positionierung als Experte

Schritt 3

Die folgenden 3 Bausteine helfen dir, dich in deiner Branche zu etablieren und für ein Thema bekannt zu werden:

Das Kundenproblem

Um das Kundenproblem dreht sich deine ganze Kommunikation. In deinem Außenauftritt, in deinen Angeboten, in den zu kommunizierenden Lösungen und Ergebnissen. Wie möchte sich deine Kundin fühlen, was möchte sie gelöst haben? Das ist ihr Kundenproblem.

Ich gebe dir ein paar konkrete Beispiele:

- Möchte sich deine Klientin morgens wieder fit fühlen?
- Nachts endlich durchschlafen?
- 5 kg weniger haben?
- Eine Weltreise planen?
- Pferde züchten?
- Ein Netzwerk aufbauen?
- Ihre Businessidee überprüfen und mit der Umsetzung beginnen?
- Ihre Ausdauer steigern, um beim nächsten Marathon mitlaufen zu können?
- Hat sie Angst vor der Geburt ihres ersten Kindes?

- Kämpft sie gerade mit dem Verlust eines geliebten Menschen?
- Hat sie den Tod ihres Hundes noch nicht überwunden?
- Möchte sie den Job wechseln, weiß aber gar nicht, wo sie anfangen soll?
- Wurde sie gemobbt und leidet unter Panikattacken?
- Plagen sie ständige Allergien?
- Spürt sie, da ist noch mehr in ihr, fühlt sich jedoch schuldig?
- Ist sie mit dem Gedanken an Social Media überfordert?
- Möchte sie online beraten, weiß aber nicht wie?
- Weiß sie nicht, wie sie mit der kürzlich entdeckten Dreiecks-Beziehung umgehen soll?

Du siehst, es gibt Unmengen an Beispielen, um ein eindeutiges Kundenproblem zu finden. Genau dort setzt du an, schreibst genau die Fragen und Ängste auf, die deiner idealen Kundin durch den Kopf schwirren, und bringst diesen Bedarf deiner Kundin mit deinem Angebot zusammen. So schaffst du eine erste Positionierung.

Deine Vermarktung

Im nächsten Schritt gilt es, deine Bekanntheit zu steigern, um dich als Experte zu etablieren und Reichweite zu schaffen.

Ob on- oder offline, du kommst nicht umhin, dich für dein Thema und deine Expertise bekannt zu machen.

Halte Vorträge, gehe raus, suche dir Kooperationspartner. Frage in Institutionen, Vereinen und anderen zu deinem Thema passenden Häusern, ob du einen Vortrag halten kannst. Du wirst überrascht sein, was sich alles ergeben wird.

Oft liegen die Möglichkeiten so nahe, doch du siehst sie

nicht, weil du viel zu weit auf das noch nicht Erreichte schaust. Vielleicht hast du ein Stammcafé, einen Freund oder guten Kollegen, der bereits eine Institution für Ausbildungen unterhält? In beiden Fällen lohnt es sich zu fragen, ob du an einem Abend einen kleinen Vortrag über dein Thema halten kannst. Du schaffst für euch beide eine Win-win-Situation. Dein „Kooperationspartner“ trommelt seine Kunden zusammen und wirbt mit dem Extraangebot, dass es heute Abend einen Vortrag zu Thema XY geben wird. Du erhältst im Gegenzug die Möglichkeit, dich und deine Herzensangelegenheit zu präsentieren. Selbst wenn sich pro Abend nur fünf neue Kunden ergeben, hast du dazugewonnen. Du konntest neue Kontakte knüpfen, eine Klientel erreichen, die dir vorher noch nicht zugänglich war, und hast möglicherweise noch weitere Impulse deines Publikums erhalten, die dich dazu animieren, neue Produkte oder ein weiteres Dienstleistungsangebot zu kreieren. Das 1 x 1 deines Marketings ist es, mit deinen potentiellen Kunden in Interaktion zu gehen, eine Beziehung aufzubauen und sie verstehen zu lernen, damit du ihre Sprache sprechen und ihnen dabei helfen kannst, ihr dringlichstes Problem zu lösen.
Online kannst du auf verschiedensten Wegen für mehr Bekanntheit und Reichweite sorgen. Social Media ist die kostengünstigste und reichweitenstärkste Form deines Marketings.

Konsequenz

Konsequenz und das regelmäßige Produzieren von Content (Inhalten) zahlt sich aus.
„Von nix kommt nix!“ ist ein weitverbreiteter Spruch. Ich

kenne ihn von meiner Oma. Aber weißt du was, es stimmt, und die Arbeit ist nicht so hart, wie du denkst, es geht in Schüben und Wellen und plötzlich erfasst dich die nächste Woge, dein nächstes Lernplateau ist geschafft. Oft fühlt es sich so an, als würde sich gar nichts bewegen, dann bleibe bitte dran, es ist ganz normal, dass es sich in dieser Phase so anfühlt. Es ist die Phase kurz vor dem nächsten Durchbruch. Du lernst etwas Neues, setzt es um, denkst dir, das bringt doch nichts und fragst dich nach der Sinnhaftigkeit, bleibst weiter dran und plötzlich bewegt sich wieder etwas. Deine künftigen Kunden beobachten dich schon eine Zeit lang, verhalten sich passiv, nehmen wahr, dass du aktiv und am Ball bist, und bauen eine Beziehung und Vertrauen zu dir auf. Sie erhalten regelmäßige Kostproben deines Tuns und nehmen dich in ihren Köpfen als Expertin wahr.
Produziere regelmäßig Inhalte und halte kontinuierliche Zeitintervalle ein.
Anfangs ist es wichtig, regelmäßig zu veröffentlichen und deine Inhalte zu teilen.
Später kannst du noch immer variieren und das ein oder andere Medium ergänzen.
Fange einfach an, zeige, was du kannst! Traue dich, dein Angebot zu minimieren und über das zu sprechen, was du kannst und ohnehin schon täglich auf deine besondere Weise tust!

Auf den Punkt gebracht:

- Sprich ein konkretes Problem deiner Kunden an.
- Starte mit deiner Vermarktung.
- Bleib konsequent, es lohnt sich.

„Es ist viel sinnvoller, sich darüber, was irgendwer denkt oder wie etwas ankommen könnte, keine Gedanken zu machen. Denke viel mehr daran, wo du hin möchtest und wie es sich dort anfühlt, dann gehst du einfach deinen Weg weiter. Du stehst ein, für dich! Wenn du weißt, wo du hin möchtest, gehen alle Schritte nur nach vorne."

Katharina Boersch

Deine Expertise

Schritt 4

Der vierte Schritt ist das Festlegen deines Fachgebietes, deiner Expertise. Wo kannst du am meisten Wert, Mehrwert und Nutzen stiften? Dieser Bereich wird dein Geschäftsfeld. Je enger, desto besser.

Was ist überhaupt ein Geschäftsfeld? Es ist der Markt, auf dem du dich bewegen und etablieren möchtest und das Segment, welches du bedienen willst. Wem kannst du helfen, welcher Person bringen dein Know-how und deine Stärken am allermeisten? Rufe dir deine Wunschkundin in Erinnerung, schaue dir ihre Wünsche und Sehnsüchte an. Du wirst ihr Problemlöser. Dein Geschäftsfeld ist ein Teil deines künftigen Marktes, ein Segment davon, deine Nische. Es braucht nicht *„der ganze Markt"*, die *„große Idee"* für alle Menschen zu sein. Nein, du brauchst nur eine klar umrissene Zielgruppe, deinen definierten Wunschkunden, dem du mit deinen Stärken und Kompetenzen weiterhelfen kannst, sein Ziel zu erreichen.

Der Markt ist groß und breit und um dich und deine Expertise unverwechselbar zu machen, darfst du nicht alles für jeden anbieten, sondern sehr spezifisch sein und dich eingrenzen.
Du bist die Expertin!
Dein Angebot löst EIN Hauptproblem deiner künftigen Klientin.
Dein Können und dein Know-how bedienen ein definiertes Marktsegment.
Deine Kundin fühlt sich durch Fachbegriffe wie „Beziehungsberatung“, „NLP-Master“ oder „Social Media-Beratung“ nicht angesprochen. Sie will ihr konkretes Problem gelöst haben. Durch die Schilderung der möglichen Situation lenkst du das Augenmerk deiner Leserin auf ihre aktuelle Situation.
Was passiert? Sie erkennt ihren Bedarf und fühlt sich angesprochen.

Auf den Punkt gebracht:

- In welchem Bereich schaffst du den meisten Nutzen für deine Kunden?
- Welche Nische aus deinem Marktsegment bedienst du?
- Kommuniziere in Lösungen, statt Berufsbezeichnungen und Methoden anzuführen.

„Was ist dir wirklich wichtig? Wo möchtest du hin? Innerlich weißt du es ganz genau, alle möglichen Zweifel kommen aus deiner Vergangenheit und haben nichts mit deiner Zukunft zu tun.“

Katharina Boersch

Dein Sweet Spot

Schritt 5

Du hast mehrere Problematiken deiner Wunschkundin identifiziert und könntest sie alle miteinander lösen?
Um hier weiter einzugrenzen, zu fokussieren und für dich im fünften Schritt deinen Sweet Spot herauszufiltern, frag dich, was ihr größter Schmerzpunkt ist, ihre größte Sehnsucht.
Der Sweet Spot ist der Bereich, an dem sich dein Knowhow, deine Kompetenzen und die Problemfelder deiner künftigen Kunden überschneiden. Der Bereich der größten Schnittmenge.
Was möchte deine Wunschkundin am drängendsten gelöst haben?
Was wünscht sie sich am sehnlichsten? Und was davon liegt dir am meisten?
Ich arbeite hier gerne mit Mindmaps.
Hol dir jetzt meine Tool-Empfehlungen für deine Mindmap:
www.katharinaboersch.com/unterlagen_perspektivenwechsel

Auf den Punkt gebracht:

- Die Schnittmenge deiner Kompetenzen und des akuten Bedürfnisses deiner Kundin ergeben deinen Sweet Spot.

„Verkaufen läuft heute anders, du musst als Mensch punkten! Dann baust du eine Beziehung auf und schaffst Vertrauen. Sei einfach authentisch.“

Katharina Boersch

Der „Schmerzpunkt“ deiner Kunden

Schritt 6

Im sechsten Schritt verbalisierst du den „Schmerzpunkt“, das drängendste Problem deiner künftigen Kunden.

Schaffe hier den Blick durch die Kundenbrille, um die Perspektive zu wechseln und zu lernen, wie deine Kundin zu denken. Was fühlt sie? Was braucht sie?

Ich gebe dir ein Beispiel:

Statt „Erziehungs- oder Beziehungsberatung“ schreibst du, worum es deiner Kundin geht, was sie insgeheim denkt und fühlt:

„Sie wundern sich, warum er noch den Schlüssel seiner Ex hat?“

„Sie haben das Gefühl, im Alltagstrubel und der Organisation für seine Kinder unterzugehen?“

„Die Unbeschwertheit der Zweisamkeit ist Ihnen abhandengekommen?“

„Sie wissen nicht mehr, ob Sie das packen?“

„Sie haben das Gefühl, dass Ihre Wünsche immer hintenanstehen?“

Danach gehst du zur Kommunikation deiner Fachkompetenz über.

Du erklärst, warum du genau die Richtige bist und Abhilfe schaffen kannst. Weiter formulierst du mögliche Ergebnisse, die deine Kundin mit dir nach erfolgter Zusammenarbeit haben kann.

Wenn ich an dem oben genannten Beispiel weitertexte, sieht das so aus:

„Eine Patchwork-Familie ist eine lebendige Herausforderung für alle Beteiligten, insbesondere für Sie als Frau. Sie fühlen sich momentan weder als Mutter noch als Stiefmutter am richtigen Platz. Sind nicht nur beruflich stark gefordert, sondern wollen auch ihren eigenen Lebensplan an der Seite ihres Partners verwirklichen. Um den Heraus-

forderungen gerecht zu werden und weiterhin ein Fundament für ihre Beziehung zu legen, ohne sich zu verausgaben, sind sie bei mir genau richtig.
Ich helfe Ihnen, hier fügst du ein, wobei du deiner Kunden helfen kannst."
Das könnten folgende Dinge sein:
„*Kraft zu tanken und Familie zu leben*", „*Endlich Unterstützung einzufordern und anzunehmen*", „*familiäres Geschrei und Streitereien zu stoppen*" *und vieles mehr.*
In der Arbeit mit dieser Klientin kannst du vielerlei einbringen. Ob du an den gemeinsamen Wertebildern arbeitest, der zwischenmenschlichen Kommunikation, der gemeinsamen Lebensvision oder an Hilfestellungen zur Entlastung.
Dieses Beispiel richtet sich an folgende ausgearbeitete Wunschkundin:
Maria, 36, Key-Accounterin, in einer Patchwork-Konstellation lebend. Ihr Partner hat 2 Kinder (6 und 11 Jahre) aus seiner ersten Ehe, die regelmäßig an Wochenenden und einmal wöchentlich bei Maria und ihrem Partner leben.
Maria hat einen Kinderwunsch, fühlt sich jedoch zusehends mit der Situation überfordert und zögert, ihre Familienplanung zu äußern.
Maria und ihr Partner haben sich fast ein Jahr lang nur an den kinderfreien Wochenenden verabredet und gemeinsame Kurzreisen und intensive Paarzeit verbracht.
Vor sechs Monaten beschlossen die beiden, eine gemeinsame Wohnung zu beziehen.
Jetzt, nach eineinhalb Jahren, plagen Maria Zweifel, ob ihre Lebensplanung tatsächlich so aussehen könnte. Sie fühlt sich überfordert, emotional zu wenig wertgeschätzt, ist hin- und hergerissen und fragt sich, welche Rolle sie hier überhaupt spielt.

Das ist ihr Zwiespalt und somit dein zu kommunizierendes Kundenproblem als Coach.
Dein Beratungsangebot richtet sich genau an diese Frau. Glaub mir, wenn sich die vielen Marias auch nur mit einem kleinen Teilaspekt dieses Wunschkundenprofils identifizieren können, fühlen sie sich sofort angesprochen.
Erinnere dich an Diana.
Dianas Angebot ist auf frischgebackene Eltern ausgelegt, die in der Zeit der jungen Elternschaft mit ersten Beziehungs- und Belastungsproblemen konfrontiert sind. Sie fokussiert sich hier auf gelingende Beziehungen und erfüllte Sexualität.
Oder Anna aus der Erwachsenenbildung. Ihre Hauptkompetenzen liegen im Motivieren und in der strategischen Teambildung. Ihre Wunschkundin ist weiblich und als Projektleiterin tätig. Sie möchte ihre neue Führungsaufgabe bestens meistern.
Sie holt ihre Klientel mit diesen Texten ab:
„Sie möchten in Ihrem Führungsalltag glänzen und eine Top-Performance abliefern?“
„Sie wünschen sich ein Team, das Ihnen vertraut und auf Sie zählt?“
„Sie können sich weder Ihren Mitarbeitern noch Ihrem Partner anvertrauen?“
„Sie haben keine Zeit ein Coaching zu buchen, weil Ihre Sekretärin Ihren Kalender überwacht?“
„Dann bin ich die Richtige für Sie …“
Durch diese zielgerichtete Kommunikation auf das momentane Problemfeld deiner idealen Klientin fühlt diese sich angesprochen und erkennt ihren Bedarf. Du berichtest und schreibst aus ihrer jetzigen Perspektive.
Viele Coaches beginnen damit, erste mögliche Ursachen zu beschreiben, denken und schreiben darüber. Doch, was

möchte Maria? Maria will Ihre lähmenden Fragen beantwortet haben. Ihre Zweifel ablegen. Sicherheit für ihr Lebenskonzept.
Setz dich in den Kopf deiner Wunschkundin.
Kommunizierst du auf diese Art, aus Sicht deiner Kundin, kann sie sich mit deinem Angebot identifizieren und nimmt dich als Expertin und Problemlöserin für dieses Thema wahr. Du erleichterst es ihr ungemein, den ersten Schritt zu machen und mit dir in Kontakt zu treten. Selbst wenn sie nicht selbst direkt betroffen ist, wird sie sofort an die eine oder andere Freundin in ihrem Bekanntenkreis denken und dich bei gegebenem Anlass empfehlen.
Es kann sein, dass du dich plötzlich komplett anders siehst und neu erfindest. Das ist in Ordnung, sogar gewünscht. Schließlich soll dir dein Business auch noch die nächsten Jahre Spaß machen und dir viele neue Kunden bringen. Du beginnst gerade, deine Möglichkeiten voll auszuschöpfen und dich intensiv mit dem auseinanderzusetzen, was schon lange an Kompetenz in dir ist.
Du beginnst, für deine Kunden eine Lösung zu zeichnen.
Wo steht deine Kundin heute und wo steht sie, wenn sie dich oder dein Angebot gebucht hat?
Also konzentriere dich auf ein Kernproblem deiner Kunden. Dieses Kundenproblem löst du mit deinem Angebot, der Lösung für deine Kunden. Das ist dein Premiumprodukt. Dein Hauptprodukt. Dein bestes Produkt, das du am Markt kommunizierst. Alle deine weiteren Produkte, oder später kreierte Varianten, reihen sich unter deinem Premium-Produkt ein und folgen nach deinen ersten erfolgreich durchgeführten Beratungen. Konzentriere dich auf

dein bestes Produkt und dessen Vermarktung. Die gesamte Kommunikation deiner Expertise fokussiert anfangs auf dein Premium-Produkt.

Auf den Punkt gebracht:

- Verbalisiere die Wünsche und Nöte deiner Kundin.
- Sprich in ihren Worten und Gedanken.
- Dein Angebot löst ihr Kundenproblem.

„Solopreneur, Entrepreneur, Selbstständiger, Unternehmer … das große Ganze zu denken, das dich erfüllt und es step-by-step umzusetzen, braucht keinen Namen."

Katharina Boersch

Dein Coachingprogramm

Schritt 7

Jetzt kommen wir zum siebenten Schritt, deinem Coachingprogramm.
Skizziere eine Anleitung, ein Programm, das deiner Kundin hilft, Schritt-für-Schritt von Punkt A, an dem sie sich jetzt befindet, zu Punkt B zu gelangen, dem ersehnten Ziel deiner Kundin, der Lösung ihres Problems.

Denke an die vorhin skizzierte Wunschkundin, Maria, die Key-Account-Managerin. Was ist im Coachingprozess zu tun? Die Schritte können sein, Marias Selbstwert zu stärken, an der Kommunikation und Feststellung ihrer eigenen Bedürfnisse zu arbeiten, ihre eigenen Werte zu beleuchten und

das Positive der Beziehung herauszuarbeiten. Das sind mögliche Eckpunkte für dein Beratungsangebot, eine Vorgehensweise, die Inhalte und Arbeitsschritte zu benennen.
Und natürlich darfst du innovativ sein, verschiedenste Methoden und Hilfsmittel nutzen und einfließen lassen. Durch die Festlegung der Inhalte kannst du dich wieder auf mögliche Ergebnisse und den exakten Kundennutzen konzentrieren. Was wird Maria nach Schritt 1, 2, 3 usw. deines Coachingprogramms, deines Angebotes gelernt haben? Was wird ihr leichter fallen, besser gelingen, was kann sie erreichen?
Vergiss nicht, du sprichst und schreibst ab sofort ausschließlich für deine Wunschkundin!
Deine Kundin will nicht lesen, dass du „Persönlichkeitsentwicklung“ oder irgendwelche bekannten oder unbekannten Coachingmethoden, -techniken, -tools, anwendest. Du bedienst dich sowieso deines Handwerkszeugs und deines ganzen Methodenkoffers. Bloß ist die Beschreibung deiner Methodik für deine zielgerichtete Kommunikation nicht von vorrangiger Bedeutung.
Du kommunizierst das „Warum“ und „Was“ deine Kunden erreichen können. Für das „Wie“ buchen sie dich.
Manchmal entgegnen mir Coaches und Trainer, dass doch ihre Klientin zuerst lesen müsste, welche Zertifikate sie abgeschlossen und wo sie gelernt haben und wer ihre Lehrer und Ausbilder gewesen seien. Nein, sage ich dir, das muss und will deine Kundin nicht zuerst wissen.
Deine Kundin hat keine Zeit, sie liest schnell, sie scannt und wenn sie eine Liste deines Lebenslaufes präsentiert bekommt, hat sie nicht das Gefühl, hier fündig zu werden. Vor

allem hat dein Lebenslauf gar nichts mit ihrer momentanen Situation zu tun.
Wenn sie jedoch liest, dass du die Expertin für gelungene Beziehungen und erfüllte Sexualität bist, geht ihre Aufmerksamkeit sofort dahin, sofern sie sich hier angesprochen fühlt. Deine Referenzen und Qualifikationen findet sie schon.
So finden dich die Kunden, die wirklich zu dir passen. Das gelingt dir, weil du alle deine anderen Angebote außen vor lässt und dich auf ein spezielles Bedürfnis und Problemfeld deiner Wunschkundin konzentriert hast.
Auf die Entwicklung deines Premiumangebotes gehe ich später noch detaillierter ein.

Auf den Punkt gebracht:

- Entwickle eine Skizze der möglichen Schritte.
- Welchen Prozess soll deine Kundin von A nach B durchlaufen?
- Welche Ergebnisse kann sie erwarten?
- Was braucht sie dazu?

„Wert entsteht in deinem Leben, wenn du dich selbst schätzt und für alles WERTvolle in deinem Leben dankbar bist. Wenn du erkennst, dass du schon genug bist, dass du genau richtig bist, so wie du bist, dann darf sich deine Einzigartigkeit entfalten."

Katharina Boersch

Deine Kooperationen

Schritt 8

Im achten Schritt durchforstest du gedanklich mögliche Kooperationspartner in deinem bereits bestehenden Umfeld.

In einer Kooperation arbeitest du mit einem starken Partner oder einer starken Partnerin zusammen. Auf jeden Fall mit jemandem, der nicht in unmittelbarer Konkurrenz zu dir steht, wo ihr euch ergänzen könnt und eine strategische Kooperation für beide Seiten Sinn macht, um eurem Publikum den bestmöglichen Mehrwert zu liefern.

Es ist völlig sinnlos, mit einer Kollegin zusammen etwas zu machen, die gerade erst am Start ist. Wenn keiner Kunden hat, werdet ihr auch zu zweit keine finden.

In einer Kooperation geht es darum, dem anderen etwas zu geben, was er ohne dich nicht hätte. In deinem Fall lieferst du deine Expertise und dein Kooperationspartner seinen Kunden etwas Zusätzliches, Hochwertiges: dich und dein Fachwissen.

So kann z. B. deine Friseurin eine Kooperationspartnerin werden.

Stell dir zum Beispiel vor, sie organisiert für ihre bestehende Kundschaft einen kleinen Abendvortrag für dich. Was wird passieren? Sie bietet ihrer Stammkundschaft einen Mehrwert, ist innovativ und du erreichst neue Kundschaft aus deiner Zielgruppe, die zuvor noch gar nicht wusste, dass es dich gibt. Wenn sich aus dem Abend zwei oder drei neue Klientinnen ergeben, hat es sich bereits gelohnt.

Konzentriere dich auf Menschen, die du bereits kennst, die

sich bereits in deinem Umfeld befinden. Es geht darum, bereits vorhandene Synergien zu nutzen, um deine Zielgruppe zu erreichen und mit ihr in Kontakt zu kommen.

Auf den Punkt gebracht:

- Strategische Kooperationen bilden
- Mehrwert für euer gemeinsames Publikum schaffen
- Deine Bekanntheit steigern
- In Kontakt mit potentiellen Kunden kommen

„Es ist nie das Schicksal oder irgendetwas anderes, es ist immer die Sicht und das TUN deinerseits ausschlaggebend für DEINEN Weg."

Katharina Boersch

Wie du deine Kunden findest

Schritt 9

Dein Thema und welche Kunden du womit bedienen möchtest, liegt klar auf dem Tisch. Jetzt heißt es: „Loslegen!" mit deinem Angebot, deiner Dienstleistung. Du musst sichtbar werden und zeigen, was du kannst und zu bieten hast. Wie sollen deine künftigen Kunden sonst wissen, dass es dich gibt?
Mit reinem „Hoffnungsmarketing" verhält es sich ähnlich, wie mit dem Wünschen:
Hoffen, dass Kunden kommen, hat nichts mit Marketing zu tun.
Sich zu wünschen, dass alles anders wäre, ohne dafür etwas zu verändern, auch nicht.

Du musst aktiv werden und gerade beim Aufbau deiner Geschäftstätigkeit ist ein effektives Marketing zu Anfang das A & O, um in deiner Branche wahrgenommen zu werden. Dieser Vermarktungsprozess hört übrigens nie auf und sollte zu Beginn 80% deiner Aktivitäten umfassen. Also 20% Arbeit mit Klienten und 80% Marketing. Du brauchst eine klare Marketingstrategie für deine „Selbst"-Vermarktung. Off- und online, um kongruent zu kommunizieren und deine potentiellen Kunden wissen zu lassen, dass es dich und dein Angebot gibt.
Du wirst deine Klienten kaum auf irgendwelchen Netzwerkveranstaltungen finden, wenn du auf Netzwerktreffen anderer Selbstständiger gehst, es sei denn, deine Wunschkundin ist Unternehmerin!
Welche Medienkanäle nutzt und konsumiert deine Kundin? Ist sie internetaffin? Findest du sie auf XING, surft sie in speziellen Foren, Gruppen, oder kannst du sie auf Facebook finden?
Je besser du deine Wunschkundin, deinen idealen Klienten, ausformuliert hast, umso klarer siehst du, wo sich deine Klientel bewegt.
Such dir ein oder zwei Social Media-Kanäle aus und beginne regelmäßig zu veröffentlichen, zu kommentieren, zu posten. Besuche Offlineveranstaltungen, an denen deine Klientel teilnimmt.

Auf den Punkt gebracht:

- Beweg dich dorthin, wo auch deine Kunden sind.
- Welche sozialen Medien nutzen sie?
- Wo halten sie sich in ihrer Freizeit auf?

„Wenn dir etwas schwerfällt, sieh genau hin! Ist es ein Hinweis, dass deine Richtung nicht stimmt? Eine einzige Entscheidung, eine klitzekleine Kurskorrektur, kann hier schon reichen, den Impuls zu verstehen und dein Handeln danach auszurichten!"

Katharina Boersch

Wie deine Kunden dich finden

Schritt 10

Deine Kunden müssen wissen, dass es dich gibt!

Anna hatte allerhand organisiert und auf die Beine gestellt. Ihre Webseite stand, und weil sie ihr so unglaublich gut gefiel und sie mächtig stolz war, surfte sie an die 25 Mal pro Tag zu ihr. Onlinemarketing, Besucherzahlen, Statistiken oder jegliche andere Form der Kundenakquise per Facebook, waren ihr bis dato fremd.

Anna hatte das Gefühl, es könnte jetzt schon schön langsam beginnen, der Ansturm, die Anrufe, die Aufträge, die Buchungen, diese verdammten Klienten sollen endlich kommen!

Sie hatte kein Team, keine „wir" und „uns"-Formulierungen auf ihrer Homepage. Nein, sie ist Einzelunternehmerin und das sollte auch so bleiben.

Keine Angestellten, bei Gott nicht! Sie ist keine gute Chefin, sie ist anstrengend, sie hat die To-do-Liste schon im Kopf, bevor ihre Angestellten den Wecker auf „weiter" gedrückt haben. Kurz um, sie hat gar keine Geduld! So einfühlsam, kreativ und nachsichtig Anna bei ihren Kunden vorgeht und stets das volle Potential sieht, so angespannt wird sie, wenn es um Mitarbeiter geht. Die eine hat morgens Kopfweh, die Zweite heult, weil sie mit ihrem Freund gestritten hat, der Dritte sieht aus als hätte er durchgefeiert, nein, nein, das raubt ihr den letzten Nerv. Dieses ganze Hierarchie-Dings lähmt sie. Sie arbeitet gerne im Team, selbstbestimmt, nicht nur für sich, sondern gemeinsam am Fokus und Ziel für alle Beteiligten und sie ist davon überzeugt, dass das per fixer Bezahlung, also per Anstellung und Lohnzettel und so nicht läuft. Jedenfalls nicht so, wie sie sich das vorstellt. Anna schätzt Eigenständigkeit und freiberufliche Teamgeister.

Wieso? Weil sie selbst eine lausige Angestellte war, nach 3 Monaten hatte sie den ganzen Dreh heraus, sich eingearbeitet und handelte sich dann stets mit dem Gedanken „Na ja, ein Jahr musst schon bleiben, Projektauftrag und so"; weiter, um sich nach weiteren 3 Monaten zu denken: „Puh, nur mehr 6 Monate, dann kann ich alles hinschmeißen!" Diesen Kraftaufwand hat sie Jahre betrieben. Zwar war sie in der Zwischenzeit offiziell selbstständig, doch aus ihr heute schier unbegreiflichen Gründen, hielt sie an dem Gedanken des fixen Einkommens und der finanziellen Absicherung fest. Sie hielt sich selbst klein, weil man das eben so macht, weil man anständig arbeiten geht und keine Flausen im Kopf zu haben braucht und außerdem und überhaupt.

Also, eines ist klar, mit dieser Haltung meldete sich nicht gerade massig Klientel. Zumindest nicht so viele, dass sie davon leben konnte. Ich habe dir ja schon erzählt, dass auch Anna immer wieder einen Haken suchte, wenn etwas leicht ging. Sie konnte schlichtweg ihren eigenen Wert nicht sehen. So richtig ins Handeln kam Anna, als sie sich fragte: „Worauf will ich eigentlich noch warten?" – sie hatte keine Antwort und traf eine einzige Entscheidung: „Es zu tun!" aus vollster Überzeugung, aus ganzem Herzen, mit vollem Elan, aus Verpflichtung sich selbst gegenüber.

Sie begann damit, ihre Homepage neu zu überarbeiten und sich vermehrt auf sozialen Netzwerken wie Facebook und Google+ zu bewegen. Zusätzlich sorgten das regelmäßige Bloggen und die Interaktion auf sozialen Netzwerken für Sichtbarkeit bei ihrer Zielgruppe. Später kamen dann noch Webinare und Videos dazu. Im ersten halben Jahr folgten erste Interviewanfragen und später gemeinsame Kooperationen mit Kolleginnen. Jeder Schritt für sich ergab zusätzliche Reichweite und Sichtbarkeit, nicht nur unter Kollegenkreisen, sondern natürlich bei der von ihr avisierten Zielgruppe.

Wie schon gesagt: Eines musst du wissen und dazu möchte ich dich nicht nur auffordern, sondern rate es dir eindringlich! Allen voran geht deine Vermarktung, dein Marketing, ob es dir passt oder nicht, sonst wird das nix. Deine Homepage nur für sich, irgendwo im Netz, ist zu wenig. Du brauchst aktive Interaktion mit deiner Zielgruppe, on- wie offline.

Wenn du beginnst, dich am Coachingmarkt zu präsentieren und wirklich Fuß fassen willst, um gut davon leben zu können, dann ist es unerlässlich mit Konsequenz und vor allem Strategie, Marketing zu betreiben. Das heißt, dir zu überlegen, was du mit welcher Aktion bezweckst, dir ein Ziel zu setzen.

Ich rede hier nicht von irgendwelchen überteuerten Anzeigen in Printmedien oder Werbeflächen auf Autobussen oder Hochglanzbroschüren und Flyern. Die „Visitenkarten-Auflege-Sache“ in diversen Praxen oder Apotheken kannst du auch vergessen. Der Apotheker hat die schneller wieder weggeräumt als du sie aufgelegt hast, oder sie gehen in dem Stapel an Infobroschüren dort unter. Außerdem, warum

sollte sich wegen deiner Karte jemand bei dir melden? Ja, ich weiß, so genau hast du dir das noch nicht überlegt. Außerdem kannst du über diverse Presseportale, viele davon stehen kostenlos online zur Verfügung, zusätzliche professionelle Pressearbeit betreiben.
Hol dir die Auflistung der Presseportale:
www.katharinaboersch.com/unterlagen_perspektivenwechsel

Virtuelle Kommunikation ist multidimensional.
Nutze virtuelle Kommunikationskanäle:

1. Starte einen Blog
2. Veröffentliche Audios oder deinen eigenen Podcast
3. Lade Videos hoch
4. Poste auf sozialen Netzwerken
5. Erstelle deine Unternehmensseite in Facebook
6. Formuliere ein präzises XING-Profil
7. Registriere dich auf Twitter
8. Leg dir ein Google+ Konto zu, denn
9. damit hast du auch gleich einen kostenlosen YouTube-Kanal

Und dann verteilst du – genau für deinen idealen Kunden – produzierte Inhalte in deinen sozialen Kanälen.
Das bringt dir entscheidende Vorteile:

- Dein Wunschkunde wird auf dich und dein Angebot aufmerksam
- Deine Positionierung wird geschärft
- Dein idealer Klient erfährt, wobei du ihm helfen kannst
- und was du mit ihm und für ihn bewirken kannst

- Deine Webseite erhält rasant mehr Zugriffe
- Deine Leser liken und teilen deine Inhalte und du steigerst deine Sichtbarkeit
- Genau dein Wunschkunde identifiziert sich mit deinem Angebot

Deine Kunden werden dir später berichten, dass sie schon lange mitlesen oder deine Beiträge hören. Die, die bei dir kaufen, sind nicht die, die ständig kommentieren. Es sind oft deine stillen Follower, die sich inspirieren lassen und mit dem Gedanken spielen, sich bei dir zu melden. Eines Tages fragen sie dann an und sagen dir, dass sie dich schon seit einem Jahr oder einem halben Jahr kennen, oder dass du ihnen empfohlen worden bist. Das ist die Zeit, die deine Kunden im Vorfeld brauchen, um Vertrauen zu dir aufzubauen.

Auf den Punkt gebracht:

- Werde sichtbar am Markt.
- Geh in Austausch und Interaktion mit deiner Zielgruppe.
- Mach dich für deine Kunden sichtbar.
- Nutze Social Media.
- Baue durch Kontinuität Vertrauen auf.

„Der Perspektivenwechsel macht den wirklichen Shift aus, hier mit System ‚umzuschalten' und unternehmerische Denke zu implementieren schafft Veränderung. Die magische Zutat ist: Erfolg buchstabiert sich T.U.N!"

Katharina Boersch

Deine Positionierung finden

Anfangs habe ich Unmengen an Zeit und Mühe investiert, mir stundenlang Konkurrenzangebote angesehen und mich gefragt, was ich davon für mich umsetzen und adaptieren möchte. Ich bin durch meinen engsten Bekanntenkreis, wirklich nur zu Menschen, denen ich vertraue, gelaufen und habe ihnen meine neuen Ergüsse gezeigt. Von „Sieht super aus!", bis hin „Wahnsinn, was du alles machst", war alles dabei, doch ein Feedback blieb mir besonders in Erinnerung: „… das sieht dermaßen seriös aus, dass ich mich niemals trauen würde, hier anzufragen", meinte eine Freundin, die optimal in meine Zielgruppe gepasst hätte.
Zu seriös? Zu Hochglanz? Ja, wie denn sonst?
Mein Gott, ich musste auch erst lernen, aus der Sicht des Kunden zu denken und mir bewusst machen, was ich bei Menschen bewegen kann und wie ich sie erreiche. Als Einzelunternehmer und Dienstleister stehen das Image und die Darstellung möglicher Qualifikationen nicht an erster Stelle, sondern du als Person. Dieser Wechsel meiner eigenen Perspektive, nicht von mir selbst auszugehen und zu schauen, was ich glaube, das meine potentiellen Käufer brauchen könnten, sondern mich zu fragen, was brauchen meine Klienten, weshalb sind sie bis jetzt zu mir gekommen, was schätzen sie an mir, welchen Teil, welche Qualität und was davon kann ich bedienen, das mir leichtfällt und Spaß macht, statt irgendwelche Dinge anzubieten, die keiner braucht. Hieraus eine Schnittmenge, einen Konsens zu finden und genau diesen Markt zu bedienen, darum geht es.
Es ist ein stetiger Prozess. Je enger der Kontakt zu deinen

Kunden wird, umso besser weißt du ob ihrer Bedürfnisse und Nöte.
Die Konzentration auf diese eine ideale Kundin, meine Wunschkundin, brachte mir meinen persönlichen Durchbruch. Damit hat mein Erfolg angefangen und ich schuf meine erste Positionierung.
Ich habe damals meine alte Webseite vom Netz genommen und noch mal neu aufgesetzt. Das war der Beginn der neuen Ära.
Heute weiß ich, es ist viel leichter und vor allem bahnbrechend, den „Reset"- oder „Delete"-Knopf in deinem Kopf zu drücken und dich nicht mehr um die eigene Achse zu drehen. Es hat mir geholfen, mit künftigen Kunden in Kontakt zu gehen, in echte Interaktion. Du musst die Menschen klipp und klar fragen, was sie brauchen und was sie sich von dir wünschen.

Als Birgit zu mir kam und sich mehr Anfragen wünschte, antwortete sie auf meinen Vorschlag, mit kleinen Videosequenzen zu beginnen: „Ich will ja kein YouTube-Star werden."
Nichts gegen YouTuber, viele kannte sie von ihren eigenen Kindern, die dieses Medium aktiv konsumierten, erzählte sie mir weiter. Birgit wusste nicht, welche Multimedia-Kanäle sie für sich als Coach und Dienstleister einsetzen soll und scheute sich auch ein wenig vor der Technik. In ihrer Vorstellung war Onlinemarketing etwas für finanzkräftige Konzerne. Selbst eine Marketingstrategie aufzubauen und zu bedienen kam ihr bisher nicht in den Sinn.
Erst als wir begannen, ihre ideale Kundin exakt zu definieren und uns zu überlegen, womit Birgit mit ihrer Beratungsleistung genau dieser Kundin helfen kann, entwickelte sich ihr Angebot. So kristallisierte

sich auch ihre Positionierung heraus. Vorerst spezialisierte sie sich auf Heilpraktiker. Nach einem Jahr verfeinerte sie ihr Angebot und konzentrierte sich ausschließlich auf Therapeutinnen, die bereits aktiv von ihrer Tätigkeit leben, sich jedoch Unterstützung bei der Klientenakquise wünschen, um auch Klienten zu gewinnen, die nicht von der gesetzlichen Krankenkasse finanziert werden. Als Birgits Positionierung für den Businessaufbau geschaffen war, konnte ihr Angebot noch detaillierter und affiner werden. Ihre Positionierung bedient das Überthema für die Problemstellungen ihrer Wunschkunden. Sie ist quasi das Dach des Hauses. Unter diesem Dach reiht sie die verschiedenen Zimmer, ihre spezifischen Angebote ein. Die wiederum genau die Problem- und Fragestellungen ihrer Zielgruppe, der Therapeutinnen, bedienen. Durch das Fokussieren auf die Problemstellung ihrer Zielgruppe schaffte sie Klarheit. Sie erreichte Menschen, die sich wirklich für ihr Angebot und eine Zusammenarbeit interessieren und ihre Marketingaktivitäten schon länger wahrnehmen. Jetzt wussten ihre Kunden, wofür sie Birgit buchen konnten. Birgit eröffnete sich eine Angebotspalette, aus welcher sie wählen konnte, welchen Part davon sie tiefgehender bedienen wollte.

Deine Positionierung am Markt hilft dir, von deinen künftigen Kunden und Klienten wahrgenommen zu werden.

Positionierung bedeutet, Stellung zu beziehen, zu dir und deinem Angebot, zu dir und deinen Werten, zu dir und deiner Vision und dem, was du kannst und anbietest, zu stehen. Sie verschafft dir deinen Wiedererkennungswert.
Lass mich das näher erklären:
Ein Thema wäre zum Beispiel „Zeitmanagement“, das Bedürfnis deiner Kunden „effektiver und schneller zu arbeiten“.

Du kannst nicht allen Menschen helfen, sich an ihrem Arbeitsplatz besser zu organisieren. Du kannst dir zum Beispiel überlegen, dass du selbstständigen Müttern, die von zuhause aus arbeiten, helfen willst, ihren Arbeitsalltag gut in den Griff zu bekommen, an der Struktur ihrer Organisation zu arbeiten, um ihre liegen gelassenen Mails zu beantworten und hinausgeschobene Telefonate zu tätigen. Damit sie sich wieder voller Elan auf ihr Geschäft und neue Aufträge konzentrieren können.

Ich empfehle dir, dich für deine erste Sichtbarkeit „spitz" zu positionieren, das heißt ganz konkret für die Problemstellung, die deine Wunschkundin betrifft, eine Lösung anzubieten.

Ich gebe dir hier ein Beispiel aus der Praxis:

Klara möchte sich als ehemalige Krankenschwester in ihrer jetzigen Selbstständigkeit als Kinesiologin besser positionieren und hat begonnen, erste Vorträge in Wellnesshotels zu halten, hier erreicht sie ihre potentiellen Kunden.

Klara war 25 Jahre als Krankenschwester tätig und hat ein unglaubliches Wissen über Lebensmittelallergien und deren Auswirkungen.

Mit ihrer eigenen Beratungspraxis begann sie als Kinesiologin. Sie betreut und begleitet Menschen, die unglücklich mit ihrem Gewicht sind.

Klara und ich sitzen bei einem Kaffee zusammen und sie erzählt mir, dass sie mehr Klienten brauchen könne. Ich frage sie, ob denn vermehrt männliche oder weibliche Klientel anfragt und ob welcher Themen die Menschen zu ihr kämen. Klara meinte, es ginge immer um Selbstakzeptanz und Unzufriedenheit mit dem eigenen Körper. Wir tauchen ein bisschen tiefer in die Materie ein und es kristallisiert sich heraus, dass Klara, ohne es zu merken, immer ihr Lieblingsthema, das was sie

wirklich kann und das, was ihr unheimlich leichtfällt, mit einbringt. Ihr gesamtes Wissen um körperliche Reaktionen und deren Auswirkungen auf die emotionale Gefühlswelt. Bedingt durch eine Nahrungsmittelzufuhr, die dem Betroffenen nicht gut tat, ja gegen welche er sogar „allergisch" reagierte. Klaras Thema für ihre Positionierung war schon die ganze Zeit da! Und deines sicher auch.
Die Message für Klaras Kunden könnte „Gewichtsverlust für Frauen, die Diäten satthaben" lauten. Ihre Positionierung wäre das Thema „Gewichtsreduktion" und das Bedürfnis Klaras Klientinnen „keine Diäten mehr zu machen, sich nicht selbstverurteilen und geißeln zu wollen. Endlich mit sich zufrieden zu sein".

Verstehst du, was ich meine? Wichtig ist in der Kommunikation deiner Tätigkeit, spezieller und spezifischer zu werden, statt Methoden und Berufsbezeichnungen zu kommunizieren.
Klara konnte ihren Tätigkeitsbereich noch mehr eingrenzen und sich auf Klienten konzentrieren, die eine Milchallergie haben bzw. vermuten. Hier schaffte sie ein klares Standing, bei welcher Problematik sie Expertin ist.
Aus meiner Arbeit mit Kunden weiß ich, dass sie oft Sorge haben, durch diese Eingrenzung auf eine Kernproblematik, mögliche andere Kunden nicht zu erreichen oder gar zu verlieren. Das passiert nicht, ganz im Gegenteil. Erst durch deine klare Konzentration auf EIN Klientenproblem hebst du dich von der Masse ab. Du erreichst Bekanntheit für dein Spezialgebiet, dein Thema und baust dir Kontakte für weitreichendere Projekte auf. Du wirst staunen, welche Türen sich öffnen, sobald du beginnst, einzugrenzen. Diese Bestätigung erlebten auch meine Kunden und später berichteten

sie mir, dass sie zwar Angst hatten, aber dass es die beste Entscheidung für ihr Geschäft gewesen ist.
Deine Positionierung ist ein wachsender, sich verändernder Prozess. Suche dir ein Gebiet aus, das dir wirklich am Herzen liegt und von dem du dir vorstellen kannst, es noch Jahre zu bedienen.
Je genauer du auf eine konkrete Problemstellung deiner Klienten eingehst, desto klarer und besser wirst du von künftigen Interessenten wahrgenommen und kannst dich auf deinem Gebiet als Expertin oder Experte etablieren und positionieren. Du schaffst Positionierung, Profil und Professionalität.
Je intensiver du in dein Themengebiet hineinwächst, umso professioneller wirst du. Dein gesamter Erfahrungsschatz wird zu einem gut bezahlten Know-how.

Auf den Punkt gebracht:

- Reduktion und Fokus schaffen Klarheit.
- Eine enge Nische als Ausgangspunkt.
- Dein Marketing selbst in die Hand nehmen.

„Die Angst davor, ‚sichtbar' zu werden, Aufträge zu erhalten, ‚Erfolg zu haben' kennt nur der, der sich bereits auf den Weg gemacht hat und dazu entschieden hat!"

Katharina Boersch

Kunden emotional erreichen

Erinnere dich an die 3 Bausteine auf die es ankommt, um dich in deiner Branche als Experte zu positionieren:

1. Positionierung gelingt dir nur durch Reduzierung und nicht durch Vergrößerung deines Angebots.
2. Spezifikation zur Lösung eines Kundenproblems ist dein Must-have.
3. Sprich in Ergebnissen. Zeige deinen Kunden ihren Nutzen und Mehrwert auf.

Ich gehe davon aus, dass du zum Beispiel als Erziehungscoach tätig sein möchtest, oder es schon bist. Du beschäftigst dich mit Lernschwächen genauso, wie mit verängstigten, in sich gekehrten, pubertierenden Teenies, als auch mit völlig verzweifelten Eltern, die voller Sorge sind.
Wen betreust und coachst du am liebsten? Die Kids oder die Eltern? Nein, alle beide zusammen, Kinder und Eltern, lasse ich nicht gelten. Ja, ja, die Antwort: „*Katharina, ich muss ja mit den Eltern zusammenarbeiten, sonst wird das ja nichts*!", verstehe und höre ich, aber ich bitte dich noch mal, dich wirklich ehrlich zu fragen, mit wem von beiden sitzt du am liebsten im Raum? Wer erreicht deine Seele?
Wenn du innerlich zu dir ehrlich bist und merkst, dass es die pubertierenden Jugendlichen sind, weißt du, wer deine künftige Klientel sein wird. Klar, die Eltern werden diejenigen sein, die die Sitzungen bei dir finanzieren bzw. dein Angebot buchen, doch erreichen wirst du deine Wunschkunden in Schulen, beim Sport, bei Freizeitangeboten, in In-Lokalen oder Tanzschulen. Gedankenswitch gelungen.
Mache dir bitte keine Gedanken darum, wie ein Jugendlicher

dein Angebot bezahlen soll. Das Geld dafür zu organisieren, zuhause zu fragen und zu bitten, das schafft der Teenager ganz von alleine. Denke niemals über die Finanzen deines Kunden nach. Es gibt immer Wege und Lösungen.
Dein Angebot in der Sprache deiner Zielgruppe kommuniziert, verschafft dir Gehör und Aufmerksamkeit. Deine im obigen Beispiel genannten Kunden haben keine Ahnung davon, was „systemisch", „existenzanalytisch", oder „gesprächsorientiert" bedeutet. Es ist ihnen auch völlig egal. Sie wollen sich verstanden fühlen, in ihrer Not, ihrem akuten Problem und in ihrer „ich weiß nicht mehr ein oder aus"-Situation. Genau diese Problemsituation gilt es zu beschreiben.
Geht es um eine künftige berufliche Weiche? Um einen „ich glaub ich bin adoptiert worden"-Konflikt oder um eine „ich mag die neue Freundin vom Papa nicht"-Situation?
Frag deine Kids, was ihre größten Probleme sind.
Also es gab eine Zeit, da war das größte Problem meiner Tochter nicht, dass sie noch keinen Freund hatte oder dass unser geliebter Hund sterben könnte. Nein, das größte Problem war, dass der Akku vom Handy untertags leer sein könnte.
Hätte ich ein Produkt oder Angebot, das dieses Problem löst, so würde es folgendermaßen lauten, um bei meinen potentiellen Interessenten auf Zuspruch zu stoßen:
„Ruft ihr Kind tagsüber von fremden Handynummern aus an, um ihnen mitzuteilen, dass der Akku bald leer ist?"
„Geht ihr Kind nachts mit dem Ladekabel fürs Smartphone ins Bett?"
„Müssen Sie morgens im Auto ihren Zigarettenanzünder freimachen, weil ihr Sohn sein Smartphone noch laden muss?"

Genau diese Fragen erreichen deine idealen Kunden: die Eltern.
Sie erkennen sich in der Situation wieder, weil sie ihnen tagtäglich begegnet, sie identifizieren sich sofort mit deiner Sprache, deinen Fragen und bejahen sie.
Der Bedarf ist geklärt und vorhanden. Als Experte in deinem Gebiet hast du die Lösung. In dem Fall wäre es ein Produkt.
Ich veranschauliche dir einfach nur, wie du um die Ecke denkst und genau die Fragen stellst und formulierst, die im Kopf deines Wunschkunden bereits existieren. Die er sich mehrmals täglich stellt, die ihn vielleicht nachts nicht einschlafen lassen.
Hier setzt du mit deiner Expertise, deinem Spezialthema, an. Ich empfehle dir, mit der Formulierung: „Ihre Expertin für …“ zu arbeiten. Setze die für dich passende Thematik ein, das, wofür du in Zukunft bekannt sein möchtest.
Das Kundenproblem umfasst immer das gleiche Themengebiet und es gibt immer mehrere Wege, die ans Ziel führen. Also, was braucht dein Kunde wirklich? Was will er gelöst haben? Hier noch mal die 3 Bausteine:

Auf den Punkt gebracht:

- Benenne das Problem!
- Beginne es zu promoten, starte deine Vermarktung, die Verbreitung deiner Message.
- Bleibe dran, sei konsequent.

„Es gibt immer für alles eine Lösung. Oft sehen wir sie nur nicht, weil wir glauben, es ‚muss' so sein, wie wir es uns einst zurechtgedacht haben.
Für mich gibt es IMMER eine Lösung, sobald sie in Sicht ist, werde ich wieder daran erinnert, dass sie zu meinem Besten ist."

Katharina Boersch

Das Kundenproblem und der Kundennutzen

Du hast deinen idealen Kunden skizziert und für dich herausgefunden, was er braucht bzw. sich wünscht und welchen Teil davon du mit deiner Expertise optimal bedienen kannst. Jetzt begehst du die Brücke rückwärts und spannst den Bogen.
Dein Kunde hat den Wunsch, von seinem jetzigen Ausgangspunkt A zu seinem Ziel, nach B zu gelangen.
Ich veranschauliche es dir anhand meiner idealen Klientin:
Meine Wunschkundin ist sehr gut ausgebildet, hat mehrere tausend Euro in ihre Weiterbildungen und Ausbildungen gesteckt, Jahre und Zeit investiert.
Ihre Ausbildungen hat sie mit der Intention begonnen, Menschen zu begleiten und nach erfolgtem Abschluss ihr eigenes Business zu betreiben.
Ein wenig Angst beschleicht sie. Sie weiß weder, wo sie konkret ansetzen soll, noch ob sie auf irgendeinem Gebiet gut genug ist. Sie steckt fest und weiß nicht, wie sie weiter vorgehen soll. Mit Drucksorten, Flyern und sonstigen Wer-

bemaßnahmen hat sie mehr Geld ausgegeben als eingespielt und ist zusehends demotivierter. Im Internet hat sie mittlerweile so viele Informationen gefunden, dass sie gar nicht mehr weiß, wo sie anfangen soll und sich überfordert fühlt. Ihr Ehrgeiz und ihr Wille treiben sie an. Sie wünscht sich nichts mehr, als ihre Selbstständigkeit so ins Laufen zu bekommen, dass sie

a) hervorragend davon leben kann und
b) mit ihrer über alles geliebten Arbeit Menschen helfen kann.
c) Sie hätte gerne mehr Fokus auf die zu erledigenden Schritte.
d) Möchte ein tolles Angebot und
e) eine funktionierende Vermarktungsstrategie, mit der sie sich wohlfühlt.

Ihr Problem bzw. für mich das Kundenproblem:
Unklarheit über die nächsten Schritte:

- Fehlende Positionierung
- Zu wenig Klienten
- Keine konstante Nachfrage
- Keine Bekanntheit
- Ein zu breites Portfolio
- Kein Premiumangebot
- Fehlendes Marketingwissen
- Kein Geschäftsmodell
- Eine vage Umsatzplanung und Zielsetzung

Ich bringe diese Problemstellungen in eine kundenorientierte Formulierung und formuliere den Kundennutzen.
Ich benenne die jeweiligen Situationen mit einem positiven Ergebnis:

- Fokus für die nächsten Schritte
- Glasklare Zielgruppendefinition
- Strategische Umsatzplanung
- Preise und Nutzen
- Erarbeitung des Portfolios
- Magische Angebotspakete kreieren
- Emotionale Kommunikation
- Wertorientiertes Verkaufen
- Kundengewinnungsstrategien on- und offline
- Vermarktung und Skalierung
- Nachhaltigkeit und Kundenbindung

Dieser Kundennutzen und die Ergebnisse für deine Kunden lassen sich erst benennen, wenn du deren Problemstellung klar ausgearbeitet hast.
Was kannst du mit und für deine Kunden lösen, das sie selbst nicht lösen können und dafür Hilfe benötigen?
Wie hat Anna das gelöst?

Anna hat in der Definition ihrer Wunschkundin herausgefunden, dass sich ihre ideale Klientin in einer Führungsposition als Angestellte befindet und ein eigenes Team zu leiten hat. Annas potentielle Kundin fühlt sich in manchen Situationen überfordert, möchte gute Leistung bringen und ihre Führungskompetenzen ausbauen.
Ihr Wunsch ist es, ein Team aufzubauen, das ihr vertraut und zuar-

beitet, statt ständig um Freigaben oder Hilfestellungen zu bitten. Sie ist sich manchmal unsicher, hat aber keine Möglichkeit, intern zu fragen oder um Hilfe zu bitten. Auch privat kann sie sich nicht mitteilen, da sie nicht inkompetent erscheinen möchte und ihr eigener Anspruch sie oft lähmt. Ihr Bedürfnis ist es, sich in ihren Anweisungen und Handlungen sicher zu fühlen.
Anna hilft ihren Kunden, sich in der neuen Führungsposition sicher zu fühlen, ein kompetentes Team aufzubauen und es für das Projekt zu begeistern, um den bestmöglichen Output zu erlangen.
Dieses Grundbedürfnis nach Sicherheit wird in Annas Angebot als Kundennutzen kommuniziert.

Wie spricht Diana ihre Kunden an?

Dianas gesamte Kommunikationsstrategie ist auf ihre Zielgruppe „Eltern" fokussiert.
Dianas Kunden wünschen sich, ihre Elternschaft gut zu meistern. Leiden unter der völlig neuen Situation für die Partnerschaft und fürchten, ihren eigenen Idealen nicht gerecht zu werden. Eigene Verlustängste, ob der Zuwendung und Anerkennung des Partners verunsichern zusätzlich.
Das Grundbedürfnis ist Anerkennung, das Thema Elternschaft.
Doch, was fängt eine junge Mutter mit dem Slogan: „Wie sie als junge Mutter Anerkennung finden", an? Dadurch fühlt sie sich bestimmt nicht angesprochen.
Formulierungen, die auf Defizite abzielen, schaffen keinen Kundenzuspruch. Menschen wollen sich nicht als defizitär outen. Also, wie könnte Diana den Kundennutzen formulieren?
„Ich helfe Ihnen, Ihr junges Elternsein mit Ihrem Partner in eine unvergessliche Zweisamkeit zu verwandeln. Lernen Sie in einfachen,

schnellen Schritten, Ihre Partnerschaft nicht zu kurz kommen zu lassen. Wie Sie sich wieder geschätzt fühlen und gemeinsam an einem Strang ziehen!"

Peter hatte vor, sein eigenes Start-up-Unternehmen zu gründen, eine eigene Plattform für den Vertrieb von Softwaresystemen sollte es werden. Er hat fundierte Branchenkenntnis, evaluierte den Bedarf seiner konkreten Zielgruppe, recherchierte Unmengen und testete sämtliche Software-Tools. Als er starten wollte, fiel ihm erst auf, was er bis dato unberücksichtigt ließ: Dass sich der Markt in der Zwischenzeit massiv verändert hatte und drei große Mitbewerber seit der Zeit, als Peter seine Businessidee zu überprüfen begann, mit einem millionenschweren Budget auf den Markt gegangen sind.

So, und jetzt?

Für all seine Tests, seine Recherche und diverse Evaluierungen der künftigen Zielgruppe hat Peter zig Homepages in Eigenregie gebaut. Er hat seine ursprüngliche Idee ad acta gelegt. Heute deckt er genau diesen, ihn damals selbst betreffenden Bedarf ab, er kreiert wunderbare Webseiten für Start-ups und steht sehr gut im Geschäft.

Dein Weg kann sich erst im Gehen entwickeln, was du brauchst, ist dein eigenes Engagement und dein Zugeständnis dir gegenüber. Sei dir und deiner großen Vision treu. Beginne mit kleinen Schritten. Ich weiß, du kannst das!

Auf den Punkt gebracht:

- Entdecke die Problemfelder deiner Wunschkunden.
- Teile die Themengebiete auf.
- Benenne die einzelnen Schritte durch positive Ergebnisse.

„Zu schätzen, was du schon hast, ist der erste Schritt in dein neues Bewusstsein.“

Katharina Boersch

Honorare und Preise

Deine Expertise hat ihren Wert.
Mache dich in deinem Denken frei und fühle dich in dein „Big Picture“ hinein, in deine große Vision, in die anfangs gestellte Frage: „Wofür willst du bekannt sein?“
Sobald dein „Ich“ in die Zukunft wandert und du dich hineinfühlst, spürst, wie es sich dort anfühlt, erhältst du Motivation und Inspiration. Eine Vorstellung davon, wie es sich anfühlen könnte. Frage dein Zukunfts-Ich um Erlaubnis. Wie fühlt es sich dort an? Wie fühlst du dich in deinem Ich der Zukunft? Lass es sprechen.
Viele Coaches, die ich kenne, fangen nebenberuflich an, sich ihre Selbstständigkeit aufzubauen. Für mich persönlich war das nicht der richtige Weg, ich hab' dir ja erzählt, dass ich mehr Sorge davor hatte, dass es klappen könnte, als dass es nichts wird. Ich habe mich selbst lange damit aufgehalten, natürlich auch mit dem verqueren Denkansatz, dass es ganz lange dauern müsste und auch sehr schwierig werden würde und dass das, was mir wirklich Spaß macht, nicht zum Geld verdienen da sei.
Anfangs habe ich auch damit begonnen, branchenübliche Stundensätze zu verrechnen und irgendwie blieb da immer so ein seltsames Gefühl zurück.
Punktgenau einhergehend mit dem Finden meiner eigenen Positionierung, der Ausarbeitung meines Wunschkunden und dem Aufbereiten meines Angebotes sah ich den Preis nicht mehr als reinen Kostenpunkt, sondern als wertvolle Investition. Eine Investition, die meinen Kunden Nutzen bringt. Mein Kunde investiert in sich und nicht in mich. Dir

den reinen Kundennutzen vor Augen zu halten und dir vorzustellen, was dein Kunde durch dich und mit dir erreichen kann, hilft dir ungemein in der Benennung deiner Preise. Welchen Wert hat das Ergebnis, das er durch eine Zusammenarbeit mit dir erreicht? Was würde er verlieren oder aufgeben müssen, wenn er es nicht tut? Wie viel kostet es ihn, so weiterzumachen wie bisher? Was wären die Konsequenzen? Diese Fragen helfen dir dabei, Wert aus verschiedenen Perspektiven zu betrachten.

Um dir einen Namen zu machen und dich als Experte zu positionieren, brauchst du ein passendes Preissegment.

Deine Preise dürfen höher sein, deine Angebote anders, deine Pakete speziell – im Vergleich zu deinen Mitbewerbern. Dein Preissegment bestimmt maßgeblich deinen Positionierungsprozess als Expertin.

Eine nüchterne Rechnung zur Veranschaulichung: Du verlangst einen üblichen Marktsatz, Stundensatz XY, den du bis jetzt verrechnet oder angedacht hast.

Jetzt multiplizierst du diesen Stundensatz mit 20. Nehmen wir an, du hast 20 Klienten pro Woche und das ganze vier Wochen pro Monat. Ergibt sich hier deine tatsächliche Wunschsumme? Dein gewünschter Monatsumsatz?

Nein! Ich glaube nicht.

Ich finde, dass 20 Klienten pro Woche schon sehr hoch gerechnet sind. Selbst wenn es dir gelingt, ist wenig Luft nach oben. Es bleibt wenig Zeit um neue Seminare zu konzipieren, dein Angebot zu überarbeiten, geschweige denn aktiv etwas für dein Expert-Branding und Marketing zu unternehmen.

Wie möchtest du dein Geschäft aufbauen und vor allem

ausbauen? Viele Dienstleister und Coaches erzählen mir, dass sie zusätzlich schlecht bezahlte Lehraufträge annehmen, um überhaupt über die Runden zu kommen und dass sie der administrative Wahnsinn mit den Krankenkassen nervt.
Fängst du an, dich für dein dir schon innewohnendes Thema zu positionieren, darfst du deine Preiskalkulation von Grund auf neu aufrollen.

Auf den Punkt gebracht:

- Experten haben ein anderes Preissegment.
- Spezielle Angebote haben einen Wert.
- Geschäftsmodell und Lebenskonzept müssen zusammenpassen.

„Oftmals geben wir uns damit zufrieden, Dinge, die uns missfallen, nicht unserer Einstellung entsprechen oder uns irgendwie überfordern, hinzunehmen und als gegeben abzutun. Warum? Weil wir daran gewöhnt sind! Weil Gewohnheit die beste Ausrede und der beste Freund der Selbstlüge ist. Gewohnheit und Aussagen wie: ‚Es war immer so, es wird immer so sein! Ich kann's nicht ändern', helfen dir dabei, deinen Rückzug, deine Ignoranz und deine eigene Passivität zu entschuldigen. Bist du es dir nicht schuldig, DICH zu leben, mit allen Konsequenzen? Außer dir wird es keiner tun."

Katharina Boersch

Preisstrategien für Coaches

Die Bandbreite der Stundensätze für Einzelcoachings, Trainingstage oder Vorträge variiert extrem. Coaches, die für ihre Abendveranstaltung eine Teilnahmegebühr von fünfzehn Euro verlangen, bis hin zu Tagessätzen von Beratern und Speakern von mehreren tausend Euro.

Je höher die Reputation und der Expertenstatus, desto angemessener das Honorar.

Der Preis deiner Beratungen ist nicht nur reine Kalkulationssache, sondern setzt sich aus dem für deine Kunden erbrachten Wert zusammen. Das habe ich im vorigen Kapitel kurz angedeutet. Was für einen tatsächlichen Wert schaffst du in deinen Beratungen und Coachings?

Diana eröffnet ihren Klienten einen entspannten familiären Alltag, stärkt Eltern in ihrer Rolle und verhilft ihnen, ein wertschätzendes Kommunikationsverhalten zu installieren.

Viele ihrer Klienten, die sich zuvor überfordert oder in einer ausweglosen Situation sahen, offenbarten ihr, bereits rechtliche Schritte in die Wege geleitet zu haben oder weitere Kosten für Streitereien zu befürchteten.

Was ist es dir wert, innerhalb von ein paar Monaten die Situation zu bereinigen, zu klären, um miteinander wieder auf der richtigen Ebene kommunizieren zu können?

Was hat sich dein Klient erspart, was gewonnen?

Dianas Beratungen sind keine einzelnen Stunden. Sie berät in Paketen, über einen Zeitraum von drei Monaten.

Als wir zusammen ihre Leistung und ihr Angebot strukturierten, ergab sich ein Beratungshonorar von Euro 2.950,-

Diana war verunsichert, doch wie oft sie auch neu kalkulierte, der Preis war korrekt.

Er setzte sich aus dem Vorgespräch, neun Beratungseinheiten, Arbeitsmaterialien, einem Abschlussgespräch und telefonischem Support zusammen.
Als Diana ihr erstes Beratungspaket verkaufte, scheute sie sich noch, ihren Preis abzurufen und nannte dem Paar einen niedrigeren. Sie war verunsichert.
Wir hatten zuvor noch mal den Nutzen und die möglichen Ergebnisse für dieses Angebot besprochen, sodass Diana sicher argumentieren konnte.
Das Paar sagte sofort zu und Diana schrieb mir: „Liebe Katharina, heute habe ich mein erstes Paket verkauft und stell dir vor, das Paar hat sofort „Ja" gesagt. Ich hätte doch gleich den richtigen Preis sagen sollen! Jetzt weiß ich, dass es geht. Meine Leistung ist das tatsächlich wert."

Ich erlebe immer wieder diese riesengroße Hürde bei der Preiskalkulation der eigenen Beratungsleistung von Coaches, Trainern und Beratern.
Zumeist wird aus dem Bauch heraus gerechnet oder gar nicht kalkuliert.

5 Fehler bei der Berechnung deines Beratungshonorars und wie du sie vermeidest:
1) Orientierung am üblichen Honorardurchschnitt
Du fängst an zu recherchieren, schaust bei deinen Mitbewerbern, was Kollegen so verlangen und passt dich an.
Schließlich macht man das ja so in deiner Branche.
FAZIT: Dann bist du Eine von allen.
Die meisten der Kollegen leben nicht von ihrem Business.
Ich kenne keine Beraterin, die ausschließlich von 80,- Euro Coachings leben kann!

Nein, wenn's gut läuft, kommen so an die 500,- Euro monatlich rein. Mal mehr, mal weniger.
Die Folge: Extrem unregelmäßiges Einkommen, keine konstante Nachfrage

2) Test-Angebote
Dem Kunden und potentiellen Klienten zu kommunizieren, er könne dich ja mal ausprobieren. Die Coachingstunde auf Probe. Damit setzt du automatisch den Wert deiner Coachings aufs Spiel und signalisierst, dass du dir selbst nicht sicher bist. Ein Klient, der dich und deine Leistung auf diese Art zu konsumieren versucht, wird kein Kunde werden.
FAZIT: Der Kunde kauft jetzt erst recht nicht, weil er sich denkt, das kann ja nix wert sein. Er will deine Leistung ja nicht geschenkt, ja, du entwertest ihn auch dabei.
Die Folge: Trotz „Coaching auf Probe" keine NEUEN Kunden.
Ein Kennenlerngespräch oder ein erster telefonischer Kontakt sind keine Probeberatung, sondern geben deinem Interessenten erste Hinweise, wie eine Zusammenarbeit mit dir verläuft und wohin die Reise geht.

3) Kaufkraft des Kunden
„290,- Euro die Stunde? Das können sich meine Kunden gar nicht leisten, ich möchte ihnen ja gerne helfen", argumentierte eine meiner Kundinnen, als wir den Wert ihrer Beratungen berechneten. Doch was bewirkt sie für ihre Klienten? Sie testet deren Allergien aus, recherchiert und erarbeitet Ernährungspläne. Ganze zwei Monate beschäftigt sie sich intensiv mit dem Wunsch des Kunden, sich wieder oder überhaupt das erste

Mal emotional und körperlich wohlzufühlen, durchzuschlafen, Gewicht zu verlieren, Energie zu gewinnen und Ergebnisse zu erhalten. Wöchentliche Sitzungen, Anamnesen, Vor- und Nachgespräche, unterstützende Materialen und kinesiologische Testungen stellt sie bereit. Jeder ihrer Klienten hat eine nachhaltige Veränderung erreicht. Als sie aufgehört hat, sich über die finanzielle Situation ihrer Kunden Gedanken zu machen, stärkte sie ihr eigenes (Selbst-)Bewusstsein für ihr Angebot und ihre Leistung. „*Weißt du was, Katharina, jetzt melden sich nur mehr die Kunden, die wirklich bereit sind, etwas zu verändern*", erzählte sie mir am Telefon.
Als Selbstständige lernst du, unternehmerisch zu denken und zu kalkulieren.
FAZIT: Ein Kunde, der eine echte Lösung „seines Problems" möchte, der ist auch bereit zu investieren! Er schätzt sich und dich WERT!

4) Eigenes Know-how
Das eigene Know-how, all deine Erfahrungen und Ausbildungen, werden oft völlig übersehen. Überschlage deine eigenen Investitionen in dich. Was bist du bereit zu investieren? Dein Kunde ist dazu ebenfalls bereit.
Dein Know-how, deine Expertise, hat ihren Wert.
FAZIT: Das, wobei du deinem Kunden hilfst, sein ersehntes Ziel zu erreichen oder sein gravierendes Problem zu lösen, ist ihm das wert! Er will etwas ändern.

5) Fixierung auf Einzelstunden
Am Beginn ihrer Coachingtätigkeit orientieren sich Coaches an einer Zahl von wöchentlichen Einzelcoachings. „Wenn

ich pro Woche XY Klienten hätte, dann würde es passen.“ Sie hoffen auf wöchentliche Neukunden, Tag für Tag, Monat für Monat. Diese Neukunden bleiben natürlich aus.
Mit variablen Einzelstunden und unzuverlässigen Nachbuchungen generierst du keinen soliden Umsatz.
Es lohnt sich, gleich zu Beginn längerfristige Angebote zu entwerfen und Einzelstunden nur als Zusatzleistung für bereits bestehende Stammklientel anzubieten.
Begleitest du deinen Kunden mit deinem Beratungsangebot über einen längerfristigen Zeitraum, erhöhst du die Möglichkeit, dass er in dem Coachingprozess weit mehr als sein Anliegen löst, erheblich.
FAZIT: Eine Win-win-Situation für euch beide!

Auf den Punkt gebracht:

- Kennenlerngespräche sind kein Probecoaching.
- Einzelstunden sind kein Geschäftsmodell, das wachsen kann.
- Beratungsangebote und -programme schaffen Win-win-Situationen für dich und deine Kunden.

„Kümmere dich nicht darum, was andere über dich denken. Wichtig ist, wie DU über dich denkst!“

Katharina Boersch

Dein Know-how hat seinen Preis

Geld und Glaubenssätze sind eng miteinander verknüpft und oft können sie dich daran hindern, dir deines Wertes,

deines Preises bewusst zu sein oder bereiten dir Probleme, deinen Preis, dein Honorar abzurufen.
Als ich in meiner eigenen Kiste der Glaubenssätze gewühlt habe, stieß ich auf zwei meiner hartnäckigsten zum Thema Geld. Es waren die zwei prägendsten Glaubenssätze meiner Kindheit:
„Reich ist man nur im Herzen."
„Geld kannst du nur mit wirklich guten Geschäften machen."
Um meine zwei inneren Fanfaren näher zu erläutern, gehe ich ein bisschen zurück in meine Kindheit, um dir zu erklären, was es damit auf sich hatte.
Also, meine Mama arbeitete Tag und Nacht – sie war selbstständig und auf den Zettel in der Schule, die Berufsbezeichnung der Eltern, schrieb ich immer schön brav „*Geschäftsfrau*". Meine Mutter war der Inbegriff an Diszipliniertheit, stand wie ein Stehaufmännchen täglich morgens um 6 h wohlgelaunt in der Küche, um sich dann gegen 7:30 h ebenso glücklich und bildschön in ihr Geschäft zu begeben.
Das war mir schon als Kind ein Gräuel, wie man um diese Uhrzeit so gut gelaunt sein konnte (Anmerkung: Ich war in der Pubertät, ein Ausnahmezustand).
Erst Jahrzehnte später erkannte ich ihre wahre Größe und wusste ihre Disziplin und Konsequenz zu schätzen und was sie mich damit gelehrt hatte.
Und wie meine Tochter mich löcherte, so fragte ich im Alter von 12 Jahren meine Mutter, ob wir reich seien?
Sie antwortete: „*Reich ist man nur im Herzen!*"
„*Aha, also wie, versteh ich nicht, dann wird das eh nie was mit dem Reich werden*", sickerte stetig in meine Überzeugung.

Verstanden habe ich diesen Satz nie so richtig, denn mit meinem Herzen war alles in Ordnung, da fühlte ich mich gut.
Doch ich brachte da einiges durcheinander, denn ich entwickelte die Überzeugung: Wenn es von meinem Herzen ausgeht, dann schaut es mit dem Geld eher schlecht aus.
Keine Sorge, es hat noch gefühlte 30 Jahre gedauert, bis ich das alles auseinandernehmen und dann wieder zusammenführen konnte!
Der nächste Part, „*dass man Geld nur mit wirklich guten Geschäften machen kann*!“, kam – wie kann es auch anders sein – von meinem Vater.
Auf den Schulzettel schrieb ich schön brav „*Immobilienmakler*“ oder „*Bauträger*“ – doch auf die Frage, was denn mein Vater so mache, antwortete er mir: „*Er mache Geschäfte*“ – das hat mir keinen Deut weitergeholfen. Manchmal hatte er Termine, dann war er geschäftlich unterwegs, dann kam ein Geschäftsfreund mit nach Hause. Aber wie es sich mit der Arbeit und dem Geld verhält, war mir noch immer nicht klarer. Irgendwie war das alles sehr geheimnisvoll und spannend. Als mein Vater dann öfters wegblieb, natürlich ob der Geschäfte, entwickelte ich die abstruse Idee, er sei in Haft und keiner sage mir etwas.
Das Geheimnisvolle rund um das Geschäftemachen blieb und meine Gedankenkreation, dass mein Vater vielleicht inhaftiert sei, weil er gute Geschäfte gemacht hatte, wurde leider zerschlagen. Er hatte eine Freundin. Damals fand ich die Idee mit dem Gefängnis viel cooler.
Meine Fragen, ob wir jetzt reich seien, blieben unbeantwortet stehen und ich startete ins Berufsleben.

In meinen ersten Jahren verdiente ich gut – und dank der Disziplin, Verlässlichkeit und Konsequenz meiner Mutter lernte ich nicht nur hauszuhalten, sondern auch wegzulegen. Es gab Höhen und Tiefen. Jahre, in denen ich 25 Euro als Wochenbudget für den Haushalt kalkulierte. Mehrmals mein Auto verkauft habe und vieles mehr. Das alles war egal, ich fühlte mich nicht im Mangel. Ich hatte immer eine innere Motivation, dieses oder jenes zu tun, um XY zu erreichen. Mal wollte ich eine Ausbildung machen, dann eine neue Wohnung und irgendwann den Wunsch nach Selbstständigkeit mit einem eigenen Business befriedigen.

Und dann – in meiner letzten Teilzeit-Anstellung – schaute ich zum zigsten Mal auf meinen Gehaltszettel und der wies mein neues Mindestgehalt aus. Meine Grenze war erreicht.

So schlecht hatte ich noch nie verdient. Wie war das mit dem Herzen? Wenn du etwas gerne machst, dann ist es nichts wert?

Hier schrie alles nach Veränderung und ich begriff, dass ich sicher noch so hätte weitermachen können und möglicherweise noch die Abwärtsspirale meines Verdienstes knacken könnte. Es war Zeit zu handeln.

Ich bin nicht mein Geld – und schon gar nicht mein Gehalt!

Und du auch nicht!

Egal was du anbietest, ob es ein Produkt oder eine Dienstleistung ist, es ist nicht DAS, was du bist, es ist ETWAS aus deinem Repertoire, aus deiner Expertise, aus deinem Knowhow. Das ist etwas wert.

Auf den Punkt gebracht:

- Geld ist …
- Führst du diesen Satz zu Ende, entdeckst du deine Glaubenssätze.
- Dein Produkt und deine Dienstleistung sind ein Teil aus deiner Expertise.

„Neid und Missgunst sind mir völlig fern und haben in der Geschäftswelt noch NIE zu nachhaltigem Erfolg geführt!
Weder die Welt dreht sich heute anders, noch funktioniert Business heute anders! Viele Miesepeter hab' ich auf ihrem Weg nach oben wieder abstürzen sehen.
Eines hat sich IMMER bewährt: ein wertschätzender, wohlwollender Umgang mit Menschen, die die eigene Mission schätzen und unterstützen, denn genau diese Wertschätzung kehrt in Form von Unterstützung zurück zu dir!"

Katharina Boersch

Dein Geschäftsmodell

Hast du schon ein Geschäftsmodell für dein Coachingbusiness, das zu deiner Lebensvision passt? Eines, das mit deinen Wünschen einhergeht und dir dabei hilft, genau ein Leben nach deinen Vorstellungen zu leben?
Überlege dir, wie du es haben möchtest. Dein Plan, deine Vorstellung, deine Vision, darf größer werden. Wenn du sie ganz groß träumst, fängst du an, strategische Schritte zu setzen, um deinem Ziel näher zu kommen. Aber Achtung,

es geht viel schneller, als du heute denkst und du schaffst dir ein Business, das zu deinem Leben passt!

- Was für ein Typ bist du? Was passt in dein Leben und wie willst du es haben?
- Möchtest du viel reisen oder überhaupt im Ausland arbeiten?
- Willst du vor Ort in deiner Praxis an deinem Wohnort tätig sein?
- Soll sich dein Einkommen durch 1 : 1 Beratungen ergeben oder hältst und organisierst du Workshops, Seminare oder Vorträge?
- Was lässt dein Herz höher springen?

Es geht jetzt nicht um Dinge, die dich nur kurzfristig motivieren oder interessieren. Diese Überlegung ist eine, die langfristig gedacht ist. Eine, die dich auch noch in 5 oder 10 Jahren erfüllt.

Mir persönlich sind Selbstbestimmung und Freiheit das Wichtigste, sie sind meine Leitwerte für ein sinnerfülltes Wirken und Tun.

Wie ich dir anfangs schon erzählt habe, wollte ich zwar meine Selbstständigkeit aufbauen, doch habe ich es so gemacht, wie ich dachte, dass „man" oder „Frau" es halt macht. Also mit Räumlichkeiten und dem ganzen Drumherum. Erst, als ich alles zusammenhatte und dieses Etappenziel erledigt war, fiel mir auf, dass ich gar nicht möchte, dass sich hier Klienten die Klinke in die Hand geben. Ich fühlte mich dabei nicht frei. Ganz und gar nicht, das Rad der logistischen Rotation wurde nur noch komplizierter.

So fing ich an, einen Onlineschwerpunkt zu setzen. Ich entwickelte Coachingprogramme und Onlinekurse und fing an, mit Klienten im ganzen deutschsprachigen Raum zu arbeiten. Später erst nahm ich den Offlinebereich wieder dazu. Heute variiere ich die Schwerpunkte, und wie es auch für mich Freiheit bedeutet, die Wahl zu haben, so haben auch meine Klienten die Wahl, mit mir off- oder online zusammenzuarbeiten.

Mit meinem Angebot „Positionierungsberatung für Coaches und Berater“ und meinem dazugehörigen Podcast „einfach wirksam“ spezialisierte ich mich darauf, Coaches, Trainern, Beratern und selbstständigen Dienstleistern dabei zu helfen, ihre Beratungstätigkeit auf- und auszubauen. Mein Wirkungskreis hat sich durch die intensive Zusammenarbeit mit meinen Kunden erweitert. Sie stehen im Business, haben ihr eigenes Unternehmen. Heute helfe ich ihnen, ihr Geschäft aus einem anderen Blickwinkel zu betrachten, die Perspektive zu wechseln. So entwickelte sich mein Motto: „Perspektivenwechsel mit System“.

Dies wäre mir nie gelungen, wenn ich von Anfang an versucht hätte, Coaches und Unternehmer zu erreichen! Was wäre passiert? Keiner hätte sich angesprochen gefühlt. Keine Sorge, dass deine Positionierung etwas nie mehr Erweiterbares sei.

Je klarer du von Anfang an in deiner Kommunikation bist und dich auf ein Thema konzentrierst, diese EINE Problemstellung oder dieses EINE Bedürfnis deiner Kunden, umso schneller fasst du auf dem Markt Fuß.

Positionierung ist ein stetiger Prozess, er vollzieht die Schleife vom Thema, über das du Erfahrung sammeln

kannst, um in die nächste Runde zu gehen. Dein Unternehmen wächst, du als Person wächst und deine Klientel wächst mit dir.
Meine Klientel ist mit mir gewachsen und auch ich durfte von meinen Kunden so viel lernen. Ich wurde wirklich reich beschenkt und dafür bin ich unglaublich dankbar.

Auf den Punkt gebracht:

- Business und Lebenskonzept müssen zusammenpassen.
- Positionierung ist ein stetiger Prozess.
- Nachschärfen durch Weiterentwicklung.

„Egoismus und Selbstprofilierung haben nichts mit Kompetenz und Professionalität zu tun.
Als Unternehmer nur auf dich zu schauen, was du willst und wie du dich siehst, ist keine erfolgreiche Strategie.
Schau darauf, was dein Kunde will und braucht, er wird es dir sagen, in seinen Worten, deine Aufgabe ist zuzuhören!"

Katharina Boersch

Dein magisches Angebot

Ich kann es nicht oft genug wiederholen: Als Dienstleister, professioneller Anbieter und positionierter Coach bist du für deine künftigen Klienten der Problemlöser.

„*Magisch*" wird dein Angebot, sobald du aufhörst im Fachjargon zu sprechen und anfängst, die exakten Wörter deiner Zielgruppe zu benutzen, die Sprache deines Wunschkunden.

Paradoxerweise denken viele Coaches und Berater oft viel zu kompliziert und ich weiß, dass es vielen leichter fällt von „*Persönlichkeitsentwicklung*", „*Krisenmanagement*", „*Trauerbegleitung*", oder „*Unternehmensberatung*" zu sprechen, statt die Dinge beim Namen zu nennen.

Mir hilft es hier immer ungemein, mir die Fragen meiner Kunden zu notieren. E-Mails und Leserkommentare geben mir so viel Input und lassen mich wunderbar in die Situation meiner Wunschkundin eintauchen. Ich erfahre, wo der Schuh drückt und wobei ich mit meiner Expertise helfen kann.

Für dein Angebot gilt: Kommuniziere in Ergebnissen, einem Nutzen für deinen Kunden.

Nimm dir ein Blatt Papier und notiere dir:

- Was sind die exakten Ergebnisse, die du in deiner Arbeit mit deinen Klienten erreichst?
- Was ist nach der Arbeit mit dir für sie anders?
- Was hat deine Kundin erreicht, was sie vorher noch nicht hatte?

Schauen wir uns diese Art der ergebnisorientierten Kommunikation am Beispiel von Diana, Anna und meiner Arbeit an.

Diana erreicht in der Arbeit mit ihren Klienten:

- *Wieder Nähe innerhalb der Beziehung aufzubauen*
- *Das Prickeln in der Beziehung wiederzufinden*
- *Eine erfüllende Erotik zu genießen*

Anna sorgt dafür, dass ihre Klientinnen sich ihrer Führungsaufgabe gewachsen fühlen, die Kompetenzen ihrer Teammitglieder optimal einzusetzen und zu fördern wissen, ihre neue Leitungsaufgabe sicher meistern können, um optimale Ergebnisse zu erreichen.

Ich helfe meinen Kunden, sich klar zu positionieren, als Unternehmerpersönlichkeit und Unternehmen zu wachsen, Kundenanfragen zu generieren und ihre Ergebnisse zu steigern.
Um dein magisches Angebot zu kreieren, schaue dir genau an, wo dein Wunschkunde jetzt steht und wo er am Ende des Weges hin möchte. Zeichne seinen Weg von A nach B.
Es ist möglich, dass dir der Weg deines künftigen Kunden sehr bekannt ist. Warum? Weil du ihn selbst schon erfolgreich gemeistert hast.
Du bist deinem Kunden mindestens ein paar Schritte voraus. Im Grunde genommen reicht es, deinem Kunden einen einzigen, kleinen Schritt voraus zu sein. Dein Kunde weiß ohne dich nicht, wo er ansetzen und beginnen soll und du hast schon erreicht, wo er hin möchte.
Ob das jetzt die Begleitung bei einem Insolvenzverfahren betrifft, eine schwierige Trennung oder das Training für einen Marathon. Es gibt unzählige Themen und du brauchst nichts Neues zu erfinden. Es geht darum, dein Wissen und deine Erfahrungen zu vermitteln. Diese Expertise hast nur du und du bietest sie deinem Kunden als Weg zur Lösung

an. Splitte den Weg deines Kunden in drei bis fünf Etappen auf, durch die kleine Zwischenziele erreicht werden können. Somit kreierst du dein erstes Angebot, das deine Kunden brauchen und wollen, weil es ihnen hilft, konkrete Ergebnisse im Voraus abzuschätzen.

Ich habe für dich ein Trainingsvideo vorbereitet, in dem ich dir zeige, wie du in 5 Schritten dein Angebot erstellst.

Hol dir das Video und sieh es dir an, bevor du weiterliest: www.katharinaboersch.com/unterlagen_perspektivenwechsel

Auf den Punkt gebracht:

- Sprich in der Sprache deiner Kunden.
- Verwende ihre Worte.
- Kommuniziere den Nutzen und mögliche Ergebnisse.

„Respekt entsteht durch Respekt! Wenn du dich selbst und deine Taten, dein Tun, deine Erfolge und Misserfolge ‚miss' achtest und nicht respektierst, wie kannst du dann erwarten, dass dir Respekt gezollt wird?

Achte dich und dein Tun, dann wirst du auch geachtet."

Katharina Boersch

Deine Zahlen

Frage dich konkret: „Wie viel möchte ich verdienen?", und zwar pro Jahr.

Schreibe dir diese Summe auf, damit du sie schwarz auf weiß vor Augen siehst.

Das Jahr hat 12 Monate. Du wirst nicht jeden Monat arbei-

ten. Ziehe 10 Monate als Arbeitsmonate für die Berechnung heran.
Nun dividierst du deine Jahressumme durch 10 und erhältst deinen Monatsumsatz.
Das ist die Zahl, die du bei deinem gewählten Jahresziel monatlich erwirtschaften willst und die dein Ziel darstellt.
Im nächsten Schritt überlege, aus welchen deiner Angebote sich dein Monatsumsatz zusammensetzen darf und schreibe dir die Zahlen und Produkte oder Produktideen auf.

Hast du dein Hauptprodukt, dein Premiumprodukt? Gibt es 2 oder 3 größere, jährliche Events oder digitale Produkte, bezahlte Workshops, Vortragsreihen?
Meine Empfehlung ist es, wie ich mit einem Hauptprodukt zu starten, deinem Premiumprogramm, das dein Flaggschiff-Programm darstellt und erst danach andere Formate und Produkte zu entwickeln.

Auf den Punkt gebracht:

- Welchen Umsatz willst du erzielen?
- Welche Einkommensströme können dir deinen Monatsumsatz sichern?
- In welcher Form willst du deine Dienstleistung erbringen?
- Starte mit deinem Hauptprodukt.

„Egal, wie herausfordernd die Zeiten für dich gewesen sein mögen, sie lehrten dich, damit umzugehen.
Wenige Karrieren entstehen geradlinig. Es sind die Durststrecken, Irrtümer und Fehler, die den Perspektivenwechsel gebracht haben.
Oft wusste ich danach, dass ich genau DAS nicht will.
Das Ausschlussprinzip fällt Menschen oft leichter, als für sich selbst einzustehen und ihren eigenen Lebenspfad zu kreieren.
Sei mutig, es lohnt sich."

Katharina Boersch

Dein Premiumprodukt

Konzentriere dich auf dein bestes Produkt. Kommuniziere es am Markt.
Alle deine weiteren Produkte oder neu kreierte Varianten reihen sich unter dein VIP-Produkt ein und folgen erst später. Du verwirrst deine Kunden und Interessenten, wenn du all deine Angebote anpreist. Die gesamte Kommunikation deiner Expertise soll sich auf dein Premium-Produkt belaufen.
Das hat den großen Vorteil, dass deine potentiellen Kunden von deinem Angebot erfahren und du in ihren Köpfen verankert bleibst. Du schaffst erste Umsätze, die dir einen Rahmen für weitere Investitionen liefern, verbesserst dein Know-how stetig und nachhaltig, erhältst unmittelbares

Feedback von deinen Klienten und optimierst dein Angebot laufend.

Wie sieht so ein Premiumprodukt im Detail aus?

Ich arbeite bei der Entwicklung von Coachingangeboten gerne mit Mindmaps, um ein Programm zu strukturieren. Du notierst dir die grundlegenden Problematiken deiner Kunden und zeichnest dann jeweils zu den Themen Ableger für Lösungsmöglichkeiten. Arbeite hier auch mit Wörtern, die dein Kunde selbst in seinem Sprachgebrauch verwendet.

Ich gebe dir ein Beispiel:

Du möchtest Frauen dabei unterstützen, sich für den nächsthöheren Karriereschritt zu wappnen und sich um eine Führungsposition zu bewerben.

Wobei will diese Wunschkundin Unterstützung?

Sie braucht einen – für genau diesen Job – ausformulierten Lebenslauf, in dem sie ihre bisherige Erfahrung gewinnbringend präsentiert. Sie möchte Hilfe bei der Suche nach dem richtigen Job und dem geeigneten Unternehmen. Sie braucht mentale Vorbereitung für das Hearing und den Assessment-Test und will sich im Vorstellungsgespräch sicher fühlen und eine gute Performance abliefern.

Dein Flaggschiffprogramm, dein Premiumprodukt, bedient folgende Wünsche und Problemstellungen:

- Startklar für Ihren Traumjob
- Ihr Lebenslauf ins rechte Licht gerückt
- Das Bewerbungsgespräch souverän meistern
- Assessment und Hearing glänzend bestehen

Damit hätte dein Angebot vier Punkte, Module oder Sitzungen. Wie auch immer du das benennen möchtest.

Angestrebte Position

Im ersten Punkt prüfst du den aktuellen Stand und klärst mit deiner Klientin ab, in welche Richtung es gehen soll. In welcher künftigen Position sieht sie sich.

Lebenslauf, der besticht

Im zweiten Punkt überarbeitest und erstellst du gemeinsam mit deiner Kundin ihren Lebenslauf, der ebenso die bisherigen Tätigkeitsbereiche wie auch ihr Budget- und Mitarbeitervolumen umfasst, und hebst die Projekterfolge der bisherigen beruflichen Karriere hervor. Sieh diese als eine Art Vorlage an, von der deine Kundin immer wieder profitieren wird, weil sie das Grundgerüst dieses Lebenslaufes jeweils zur Aktualisierung und Adaption hat.

Das richtige Unternehmen

In der dritten Einheit geht es konkret darum, die Wunschkonzerne deiner Kundin zu eruieren und drei Unternehmen ins Auge zu fassen. Sei dir sicher, dass deine Kundin ebenfalls Spezialistin auf ihrem Gebiet ist und reichlich Kontakte und Informationen aus ihrer eigenen Branche hat. Du musst hier nicht „den Job“ präsentieren, sondern einfach das machen, was du am besten kannst, die richtigen Fragen stellen und all deine Coaching-Expertise einfließen lassen.

Präsentieren in Bestform

Im vierten Setting hilfst du deiner Wunschkundin, ihren persönlichen Ressourcenschatz zu aktivieren, um sich souveräner und sicherer zu fühlen. Hier bieten sich etliche Tools aus der Coachingpraxis an, um die Situation als Rol-

lenspiel durchzuspielen oder eine Live-Präsentation mit anschließender Feedbackrunde.
Schon hast du dein Premiumprodukt kreiert.
Diese vier Kernelemente deines Angebotes bezeichne ich als Hürden deiner Klienten. Also, welche Hürden hat deine Klientin oder dein Klient zu meistern, um von A nach B zu kommen?
Dein Premiumprodukt ist ein wichtiges Element für deine Positionierung am Markt. Es macht dich und dein Angebot unverwechselbar.
Wie lange würde diese Klientin brauchen, um sich für ihre neue gewünschte Stelle zu wappnen und sich auch tatsächlich zu bewerben?
Denke einen Coachingzeitraum von 8 Wochen, also 2 Monaten, an.
Was ist ihr diese Begleitung, einschließlich deines Supports (per E-Mail oder Telefon) wert? Was ist ihr Nutzen?
Der Nutzen für deine Klientin liegt ganz klar darin, dass sie den nächsten Jobwechsel für ihren Karrieresprung unter professioneller Anleitung angeht. Die neue Position ist höher dotiert als ihr bisheriger Job.
Als Experte präsentierst du dich in einem hochpreisigen Segment. Dein Premiumprodukt reiht sich hier ein.
Schaue dir noch einmal deinen monatlich angepeilten Umsatz an und frage dich, wie viele deiner Coachingpakete du pro Monat verkaufen müsstest, um deinen Umsatz zu erreichen.
Der große Vorteil dieser Vorgehensweise liegt auch darin, dass dein Umsatz für die Folgemonate steuerbar ist. Du weißt genau, wann du an weiteren Stellschrauben zu drehen hast. Entsprechend planst du deine Marketingaktivitäten und weißt, wie

viele Interessenten du brauchst, um deine Abschlüsse zu tätigen. Das ist Teil deiner Selbst-PR und Vermarktungsstrategie.
So wirst du von deinen potentiellen Kunden anders wahrgenommen. Dein Know-how, der Prozess, die Veränderung, die du bei deinen Wunschkunden anstößt, wirken sehr lange nach. Überlege doch mal, wie oft du an einem deiner Ausbildungswochenenden oder nach einem Coaching noch Veränderungen bemerkt hast. Manchmal unmittelbar bahnbrechend, manchmal fällt dir nach Jahren noch ein Satz deines Mentors ein, den du gerade jetzt erst so richtig einzuordnen weißt. Veränderung ist ein Prozess und wirkt nachhaltig.
Ich kann es nicht oft genug sagen: Für deine Positionierung am Markt empfehle ich dir, ein Premium-Produkt zu kreieren und deine weiteren, später entstehenden Angebote, erst nachfolgend einzureihen. Im direkten Kundenkontakt und nach deinen ersten Paketbuchungen wirst du merken, dass sich neue Themengebiete und Problemstellungen von ganz alleine ergeben.
Deine Klienten sagen dir klar, dass sie sich hier oder da noch mehr „How to“ wünschen. Für dich und dein unternehmerisches Wachstum ist es wichtig, ständig in Kontakt mit deiner Zielgruppe und deinen Kunden und künftigen Kunden zu sein, um dein Gespür für deren unmittelbare Wünsche und Bedürfnisse zu schulen.

Auf den Punkt gebracht:

- Starte mit einem Hauptprodukt.
- Entwickle dein Premiumprodukt.
- Weitere Angebote reihen sich später ein.

„Pläne und Ideen auf das nächste Jahr zu verschieben, lässt sich mit einem alljährlich an Silvester gefassten Vorsatz vergleichen! Betüddelei oder Aufschieberitis. Resümee: Gar nix wird anders – außer ein schlechtes Gewissen, Selbsttadelei und ein schleichendes Gefühl, das dich klein macht.
Ideen sind dazu da, um ausprobiert und überprüft zu werden. Ziele müssen erst definiert werden und geklärt, ob es wirklich DEINE sind oder irgendetwas, von dem du glaubst, dass es dich DANN glücklich macht. Ohne Ziel kommt keine Idee, die Idee kann erst reifen, wenn dir klar ist, WARUM du etwas möchtest und anfängst, dich in dein Gefühl und in den angestrebten Zustand hineinzuversetzen.
Oft höre ich von Freunden und Bekannten: ‚Ich mach jetzt mal so weiter, ich weiß zwar nicht warum, aber ich muss warten, bis ich eine Idee habe.' Wenn du nicht anfängst, dir auf den Grund zu gehen, deinen Werten und dem, was für dich Erfolg ausmacht, kannst du nicht weitergehen und stehst dir selbst und deiner Entwicklung im Weg. Es ist erlaubt, dort anzufangen, wo es noch ‚schwammig' ist, dazu gehört Mut. Ich wünsche mir viele mutige Menschen!“

Katharina Boersch

Blockaden und Selbstsabotage meistern

Blockaden erkennen

Das Bewusstmachen deiner Blockaden ist ein wichtiger Ansatz, etwas zu verändern. Nimm dir Zeit dafür und geh' in dich.

Damit alleine ist es nicht getan, aber das Bewusstmachen ist ein erster Anfang.

Aussagen wie: „*Von nix kommt nix!*“, oder „*Hart und viel arbeiten macht erfolgreich*“, kennst du sicher auch.

Gerade wir Frauen haben oft Blockaden, die Generationen zurückgehen und uns mit-be-lasten.

Eine Klientin fragte mich: „*Darf ich erfolgreicher sein als mein Vater? Ja, darf ich denn meine Mutter überholen?*“

„*Ja, klar!*“, war meine Antwort.

Sobald du deine Eltern integriert hast und sie wirklich achtest, ihnen innerlich für dein Leben dankst, dich verneigst und sie ehrst und aus tiefstem Herzen sagen kannst: „Danke für mein Leben!“, dann ist alles möglich. Wirklich alles, auch wenn dir das gerade noch schwerfällt.

Bei Aufstellungen fällt mir das immer wieder elementar auf. Solange du zu deiner Mutter sagst: „Du die Große, ich die Kleine“, „Du immer die Große, ich immer die Kleine!“, das schluckst und dir denkst, geh bitte, du weißt es aber besser als deine Mutter oder besser als dein Vater, bist du noch nicht über den Berg. Das heißt, da gibt's noch was zu tun!

Wenn du die Achtung, die Demut, vor dem Leben erlangst, dann und genau dann gehst du in deine volle Größe und

dein Potential zeigt sich. Davor bist du ständig mit Ängsten beschäftigt und von Zweifeln geplagt.
Du darfst alles!
Das größte Geschenk für deine Eltern ist es, dich glücklich zu sehen.
Was sind die größten Blockaden, die dich hindern, Fülle und Erfolg in dein Leben zu lassen?

Dein Denken

Wir erzeugen an die 65.000 Gedanken pro Tag („The Secret") und verschwenden damit oft einen Haufen Energie. Genau diese Gedanken produzieren unsere Realität.
Welche Gedanken hast du zu Erfolg? Wie denkst du über Geld? Wie denkst du über dich? Welche Gedanken hast du, wenn du daran denkst, dir ein erfolgreiches Geschäft aufzubauen?
Nicht umsonst heißt es:
„Achte auf deine Gedanken, denn sie werden deine Worte. Achte auf deine Worte, denn sie werden deine Gefühle. Achte auf deine Gefühle, denn sie werden dein Verhalten (…)" – chinesisches Sprichwort
Wie denkst du über dich, deinen Erfolg, die Fülle in deinem Leben?
In welchen Denkmustern hängst du fest? Erfolgreiche Menschen denken nicht so viel nach, sie beginnen umzusetzen.
Eine Kollegin fragte mich: „*Was war dein Durchbruch?*", und ich habe gespürt, dass mir die Antwort nicht leichtfällt. Die vielen kleinen Schritte waren entscheidend. Es war kein einzelnes Element ausschlaggebend. Ich habe mich für meine Selbstständigkeit entschieden.

Angst

Angst kann dich daran hindern voranzukommen.
Existenzangst lähmt viele Selbstständige. Hinzu kommt für viele Frauen noch die Angst zu versagen oder zu glauben, nicht genug zu können. Sie strudeln sich ab, bereiten sich doppelt und dreifach vor und fragen sich: *„Steht mir das überhaupt zu, darf ich das, verdiene ich das überhaupt?“*
Lieber noch eine Ausbildung mehr machen, bevor es losgeht. Das ist eine Verzögerungstaktik, statt die Angst anzunehmen und zu sagen: *„Ja, so ist es und ich mache es trotzdem!“*
Als ich begonnen habe, einfach zu machen, was mir wirklich Spaß macht, verflog die Angst größtenteils.
Klar, sie kann von hinten wiederkommen, aber dann sag ich mir: „Hey, cool, dass du schon wieder da bist, ich darf wieder üben!“, damit relativiere ich diese imaginäre Macht.

Geld

Warum leben so viele Coaches immer wieder an ihren finanziellen Grenzen? *„Wie soll ich das um Himmels willen finanzieren?“*
Weil sie gelernt haben mit WENIG auszukommen, statt sich zu holen, was sie wert sind.
Oft hapert's auch wirklich am richtigen Umgang mit Geld. Umsatzziele werden nicht klar definiert, es besteht kein Überblick über die tatsächlichen Kosten, geschweige denn über den Wert des Produktes, der Leistung, des Angebotes.
Wie sieht es mit dir aus? Weißt du, wie viel du zum Leben brauchst?
Welche Einnahmen und Ausgaben hast du regelmäßig? Wie

viel willst du tatsächlich verdienen? Ohne klare Zahlen hast du kein Ziel und ohne Ziel findest du keine sinnvollen Maßnahmen, das ist logisch.
In meinem ersten Businessjahr habe ich mir ein klares Umsatz-Jahresziel gesteckt.
Die Rechnung ging auf und je mehr ich daran geglaubt habe, dass es sein darf, dass es richtig ist, dass es gar nicht schwierig ist, umso höher gingen die Zahlen hinauf und ich durfte die nächste Zahl aufschreiben, innehalten, nachfühlen und neu justieren.
Das ist auch für dich möglich, du brauchst ein paar Schritte, doch die sind lernbar – du findest sie in „Perspektivenwechsel mit System"!

Klienten
Manchen Coaches geht es so: Sie geben und geben und geben … und haben die falschen Kunden, die gar nicht zu echter Veränderung bereit sind, die nichts zahlen wollen, die sie nicht schätzen, die nur „ausprobieren" möchten.
Das sind die Falschen!
Du brauchst die richtigen Klienten, die wirklich zu dir passen und mit dir arbeiten wollen. Du kommst nur an deine wahre Klientel, wenn du genau weißt, wem du womit hilfst, und für dich deinen Wunschkunden klar machst, um Bedarf und Angebot exzellent abzustimmen.

Markt
Dein Erfolg und die neue Fülle in deinem Leben und deinem Business können nur kommen, wenn du ganz genau weißt, wer und wo dein Markt ist.

Die meisten Coaches wissen gar nicht, was ihr Markt ist, oder sie sagen nur: „*Ich bin Coach*!"
Wofür? Für wen? Wer ist dein Kunde? Wen sprichst du an?
Du brauchst für dich einen klar ansprechbaren Markt und der ist nie „alle" … dann kommt niemand, verstehst du, was ich meine?
Ich war Meisterin in allen 5 Blockaden und ich habe lange gebraucht, bis ich jede einzelne überwinden und das große Ganze zusammenführen konnte. Dieser Prozess geht immer weiter, auch heute stoße ich noch an neue Grenzen und Herausforderungen.
Das ist gut so, ich fühle mich dabei kreativ, lebendig und frei.
Ich liebe meine Arbeit.

Auf den Punkt gebracht:

- Ein guter Coach lässt sich selbst coachen.
- Dein persönliches Wachstum und dein Business hängen eng zusammen.

„Den Kopf in den Sand zu stecken, weil dein Vorhaben nicht beim ersten Anlauf eingeschlagen hat wie eine Bombe, ist trotzig. Wenn du den Bus verpasst, wartest du auf den nächsten oder gehst die eine oder andere Station zu Fuß.
Mach dich weiter auf den Weg.
Es gibt kein Taxi für die Abkürzung."

Katharina Boersch

Selbstsabotage meistern

In manchen Situationen wünschst du dir mehr Leichtigkeit und Professionalität im Umgang mit deiner Routine, damit dein Business wächst und größer wird.
Du willst alles richtig machen, am besten noch schnell? Diese Falle lauert auf dem Weg zu deinem Erfolg. Du fängst an, den Druck zu erhöhen.
Ich zeige dir hier 3 Mechanismen, die deinen Wachstumsprozess gefährden und verhindern können.

1) Dein Tempo nicht selbst bestimmen

Manche Menschen kaufen Onlinekurse, buchen Coachings, holen sich Ratgeber und wünschen sich das EINE Tool, das Patentrezept zur schnellen Effizienz. In der Hoffnung, all ihre geplanten To-Dos unterzubringen und rasch zu erledigen, um auf Erfolgskurs zu kommen. Unbewusst verstärken sie ihren Druck, schneller vorankommen zu wollen.
Doch, was passiert? Der Onlinekurs bleibt, wie das Buch, im Regal auf der Festplatte liegen und das Gefühl von „Irgendetwas passt da nicht“ wird beiseitegeschoben. Der eigene Druck wird gedanklich verstärkt und die ursprüngliche Intention, etwas zu erledigen, gerät in Vergessenheit.

Ihr Verstand sagt ihnen: „Mach doch, du musst! …“
Das klingt anstrengend, oder?
Gedanklich folgt eine weitere Drohung: „Wenn nicht, dann …“
Ständiger Aufbau von übermäßigem Druck hat nur ein Ziel: Sich drum herum zu drehen, statt es effektiv anzugehen.
In meinen Augen handelt es sich in vielen Fällen um eine

Vermeidungsstrategie: Es geht darum, weiterhin passiv zu bleiben.
Was würde passieren, wenn das gewünschte Ergebnis anders aussieht?
Wenn es vorangeht, doch anders als gedacht?
Beachte dein eigenes Tempo und mindere den Druck.
Das eigene Business ist mal ein Sprint, mal eine Langzeitstrecke oder ein Marathon, doch nach diesen Höchstleistungen bedarf es eines Ausgleichs, einer ruhigeren Phase, ein Auftanken und sich Setzenlassen.

„Die Irritation ist der Lockruf der Reflexion."

Katharina Boersch

2) Vergleichen statt informieren

Wenn Coaches beginnen, sich ihre Internetpräsenz aufzubauen, surfen sie auf Seiten von Kollegen und Mitbewerbern. Zuerst, um sich zu informieren und ein Bild zu machen, später um sich Anregungen und Ideen zu holen.
Der nächste Akt der Selbstsabotage liegt darin, sich in Vergleich mit dem ein oder anderen Kollegen oder Kollegin zu setzen.
Der aufgebaute Druck und die sich verselbständigende Gedankenspirale schlagen zu. Sie holen sich noch mehr Input, um weiterhin nicht in Aktion gehen zu müssen. So stehen sie sich selbst weiter im Weg.
Sie lesen stundenlang Blogs, landen auf YouTube und klicken sich mit dem Gedanken: „*Das werde ich nie schaffen*!", weiter.
Es empfiehlt sich, sich zu fragen, ob diese vermeintlichen

Informationen inspirieren und motivieren oder der Sinn der „Recherche“ darin liegt, weiterhin Zeit vergehen zu lassen?
Es genügt eine einzige Frage, Klarheit zu erlangen:
Was verhindere oder vermeide ich dadurch, indem ich …?
(setze hier gedanklich ein, was du machst).
Die Antwort verrät dir, wohin es gehen darf!

3) Zwingen statt machen

Damit sich alle Pläne, Vorhaben und Wünsche auf jeden Fall erfüllen, zwingen sich viele Selbstständige lustlos ständig vor ihren PC, an ihren Arbeitsplatz oder in ihr Büro.
Starren auf ihre To-do-Listen und schieben sie von rechts nach links.
Sie fangen an, noch etwas draufzuschreiben, damit sie nachher so tun können, als ob sie gearbeitet hätten. Echte, schwere, belastende Arbeit, solange bis sie einen Klumpen im Magen verspüren.
Nicht nur, dass jegliche Kreativität fehlt, die eigene innere Stimme verleugnet wird und die Inspiration flöten geht, wird zusätzlich noch darauf geschaut, dass sich alles sehr anstrengend anfühlt und auch so bleibt.
Mit dem Zwang verstärken sie eine weitere Einheit der Selbstsabotage.
Routine und alltäglich wiederkehrende Aufgaben machen nicht immer Spaß, doch mit einer winzig kleinen Einstiegsarbeit, kann die Hürde des Anfangens schneller genommen werden als gedacht. Den unliebsamen Anruf erledigen, die liegen gebliebene E-Mail beantworten oder den Schreibtisch sortieren.
Eine kurze Unterbrechung und ein Verlassen des Arbeits-

platzes danach schaffen Abhilfe. Raus! Eine Runde in den Park, ums Haus.

Alles immer gleich zu machen, kann dir nur dabei helfen, alles auch immer gleich zu belassen. Entwicklung und Wachstum stößt du an, indem du deine Abläufe unterbrichst und neu entdeckst.

Womit kannst du heute anfangen?

Tee oder Kaffee?

Nimm doch mal genau das, was du nie bestellst.

Vielleicht hast du dich in der einen oder anderen Situation erkannt. Diese Fallen sind dazu da, um dich daran zu erinnern, dass du gerade abweichst, nicht auf deine innere Stimme hörst. Dein Ego schreit laut und versucht, dagegen zu arbeiten.

Möglich, dass du etwas zu tun versuchst, das dir gar nicht entspricht.

Es gibt nur einen Weg, wieder in deinen Schritten und nach deinen Wünschen und Vorstellungen weiterzugehen: Dich zu besinnen, dir Ruhe zu gönnen und auf deine inneren Impulse zu hören.

Auf den Punkt gebracht:

- Bestimme dein eigenes Tempo.
- Vergleichen bringt dich nicht weiter.
- Einzigartigkeit hat ihre eigene Inspiration.
- Vertrau deinen Ideen und Impulsen.

„An manchen Tagen ereignet sich so viel mehr, als du morgens erahnen kannst. Gelassenheit, Offenheit und Flexibilität erleichtern dir, die neuen Begebenheiten willkommen zu heißen und ihnen die Türe zu öffnen."

Katharina Boersch

Schritt für Schritt in die Sichtbarkeit

Damit deiner Positionierung und deinem weiteren Businessaufbau nichts mehr im Wege steht, sorgst du jetzt dafür, dass die Welt von dir erfährt.

In den Markt gehen

Das Einzige, das du investieren musst, ist deine eigene Zeit und deine Disziplin. Du musst wirklich dranbleiben und die Schritte konsequent umzusetzen. Irgendwann fragte mich eine Kollegin: „*Katharina, wie viele Stunden hat dein Tag?*", ich nehme an, sie kam in die uns so vertraute Gedankenschleife, dass noch so viel getan werden müsse. Ich antwortete ihr: „*Mein Tag hat genau so viele Stunden, wie mich die Muse küsst und meine Disziplin in den Allerwertesten tritt.*" Umsetzen kannst es alleine nur du, mag sein, dass du ab und an Helferlein engagieren wirst. Das ist gut so und auch völlig in Ordnung. Entscheidend für dein Dranbleiben ist deine Motivation, wirklich dorthin zu kommen, wo du hin möchtest. Die Ausarbeitung deines Wunschkunden, wie das Feilen an deinen Texten und Angeboten, gehört natürlich dazu.
Das nimmt dir niemand ab, es ist dein Weg und dein Prozess des Wachstums und deine ganz persönliche Lernkurve. Niemand ist als Experte vom Himmel gefallen. Jeder von uns hat irgendwo begonnen, überarbeitet, verbessert und weitergemacht.
„*Start before you are ready!*" als Credo hat mir sehr geholfen. Schreib dir das hinter die Ohren, es hilft und klappt und funktioniert.

Die Fehler und Feinheiten, die dir noch auffallen oder von denen du glaubst, dass sie noch fehlen, fallen deinem potentiellen Wunschkunden gar nicht auf, er ist schon auf deiner Fährte und wartet darauf, mit dir in Kontakt treten zu können und bei dir buchen zu dürfen. Du hast ihn schon mit deiner Botschaft erreicht.
Du wirst bereits nach wenigen Wochen Veränderungen in deiner Kommunikation und Selbstpräsentation wahrnehmen und dein Markt, deine Wunschkunden werden auf dich aufmerksam. Dir selbst fällt es nicht gleich auf. Vielleicht hast du das Gefühl, dass es nicht schnell genug geht. Sei dir sicher, deine Interessenten nehmen dich viel früher wahr, als dir das zu diesem Zeitpunkt klar ist. Sie erzählen es dir, wenn sie mit dir Kontakt aufnehmen.

Durch deine klare Abgrenzung, das Bekennen zu deinem Thema, die Schaffung deiner Positionierung, ziehst du auch ganz automatisch einen Filter ein. Es ist ein Selektionsprozess, den du vorausschickst, und daher erreichst du nur mehr die Kunden, die wirklich von deinem Angebot und deiner Dienstleistung profitieren.
Es gibt keine schwarzen Schafe mehr, keine anstrengenden Besucher oder schwierige Kunden und du gewinnst die Sicherheit, nur mehr die Aufträge anzunehmen, die wirklich zu dir passen.
Du hast den riesigen Vorteil, durch die Präzisierung deiner Zielgruppe und dein spezielles Angebot in deinem Marktsegment – nenne es deine Nische – keine unqualifizierten Kundenanfragen mehr zu erhalten. Dein potentieller Kunde weiß schon im Vorfeld, wobei er deine Hilfe benötigt.

So kommen keine vagen Anfragen mehr und du hast genau die richtige Nachfrage!
In der gemeinsamen Arbeit mit meinen Klienten bestätigen mir meine Kunden immer wieder, wie sehr sie befürchtet hätten, weniger Anfragen zu bekommen und wie sehr sie sich bei diesem Gedanken geirrt hatten.

Auf den Punkt gebracht:

- Bleib dran und veröffentliche regelmäßig.
- Eine Strategie greift nachhaltig, nicht kurzfristig.
- Deine Kunden nehmen dich viel früher wahr, als dir bewusst ist.
- Die Reduktion deines Angebotes schafft Wachstum.

„Tagtäglich müssen Entscheidungen gefällt werden. Täglich entscheide ich mich aufs Neue, setze Prioritäten und verfolge meine Mission. Auf diesem Weg ist es manchmal erforderlich, Dinge anders zu Ende zu bringen, als anfangs geplant oder gar gedacht.
Es bedarf keiner Entscheidung ob des ‚Recht Habens' oder ‚Sein Lassens' – es bedarf einfach einer Entscheidung, zu dir selbst und deinen Werten zu stehen. Nur wenn du für dich und deine Überzeugung einstehst, gibst du dem Anderen die Möglichkeit, sie zu verstehen und gehört zu werden.
Du hast immer die Wahl."

Katharina Boersch

Deine ersten Aufträge

In einem ersten Kundengespräch gilt es nur mehr die tatsächliche Leistung und die Auftragsdetails zu klären.
Deine eigene Klarheit über dein Angebot und den Wert deiner Dienstleistung verschafft dir Sicherheit bei der Nennung deines Preises.
Jemand, der nicht bereit ist, deinen genannten Preis zu zahlen, ist auch nicht bereit, nachhaltig etwas zu verändern und sich zu den nächsten Schritten zu verpflichten. Lasse dich nicht verunsichern. Schicke auf Anfrage dein Angebot und warte ab.
Einer der häufigsten Fehler, den ich bei Verkaufsgesprächen erlebe, ist, dass der Anbieter sofort beginnt sich zu rechtfertigen. Bleib einfach still und atme durch. Dein Kunde überschlägt im Geiste gerade sein Budget oder seine Budgetvorgaben. Das hat rein gar nichts mit dir und dem Wert deiner Leistung zu tun.
Ich habe gelernt, Aufträge, die mir nicht ganz klar waren oder von denen ich das Gefühl hatte, dass irgendetwas nicht 100% zusammenpasst, einfach abzulehnen. „*Dafür bin ich nicht die Richtige.*" Es gab kurze Momente danach, in denen ich mir dachte: „*Hätte ich nicht doch …*" Jedes Mal, wenn ich tief in mich hineinhorchte und die Sicherheit erlangte, dass ich mit dieser Klientin nicht arbeiten will oder ich hier nicht die passende Fachfrau bin, folgten direkt im Anschluss weitere neue Aufträge. Es lohnt sich, bei dir zu bleiben und ein „Nein" macht sich definitiv bezahlt, nicht nur für deine Sicherheit, sondern auch für deine Reputation.

Wie setzt du das in der Praxis um? Woher kriegst du deine Aufträge?

Prinzipiell unterscheide ich, welchen Weg du für dich gewählt hast. Willst du online neue Kunden gewinnen oder soll dein Zielpublikum vor Ort auf dich aufmerksam werden? Ich würde auf jeden Fall deinen nahen örtlichen Umkreis miteinbeziehen bzw. hier nach bereits vorhandenen starken Partnern Ausschau halten. Dazu komme ich gleich.

Meine Sichtbarkeit und Reichweite im Internet, die ich durch meinen Blog und Podcast geschaffen habe, brachten mir Kundenaufträge und in weiterer Folge tolle Chancen für Kooperationen und gemeinsame Live-Veranstaltungen und Events mit Kolleginnen.

Als ich meine eigene Geschäftsstrategie überarbeitet habe und mich mit dem Thema Kundengewinnung auseinandergesetzt habe, ging ich on- und offline Wege. Der richtige Mix macht es aus.

Konzentriere dich zu Beginn auf deinen Schwerpunkt und die Frage: „*Was soll dabei rauskommen?*" Strategische Umsetzung folgt nach abgestecktem Ziel. Mit der Idee „*Egal, woher sie kommen, Hauptsache sie kommen!*", verlierst du schnell den Fokus und verzettelst dich mit den zu setzenden Schritten.

Ich kann mir gut vorstellen, wie es dir geht, denn als ich in den 90ern meine ersten Honorartätigkeiten als Selbstständige einfuhr, war ich als Freelancerin unterwegs. Dort ein Training, da ein Training, die Honorare waren ein nettes Zubrot an Wochenenden oder Urlaubstagen zu meiner Anstellung im Unternehmen meiner Mutter. Es war aber bereits die Zeit, in der ich Lunte roch und sowohl das Reisen, wie auch die Arbeit mit unterschiedlichsten Menschen, genoss.

Später folgten verschiedene Selbstständigkeiten, von der freien Journalistin über Trainertätigkeiten, bis hin zu Casemanagement und Jobcoaching.
In Summe habe ich verschiedene Businessauftritte (Homepages) online erstellt und verschiedenste Strategien zur Generierung von Aufträgen verfolgt. Im Grunde halbherzig, denn ich habe immer zu viel angeboten. 2013 überarbeitete ich mein komplettes Konzept und legte für das darauffolgende Jahr 2014 den Schwerpunkt auf Kundengewinnungsstrategien auf digitalem Wege, online. Offline Aktivitäten nahm ich im Laufe der Zeit dazu, startete im ersten Schritt via Onlinemarketing das „Akquise-Programm".
Ich berücksichtigte diesmal nicht, was vielleicht irgendwer brauchen könnte, um das dann zu bedienen und mich wieder in endlosen Darstellungen von Aufzählungen diverser beruflicher und fachlicher Termini zu finden, sondern konzentrierte mich ausschließlich auf das, was schon in mir da war.
Auf das, was mir wirklich liegt und Spaß macht und darauf, wie ich genau damit vielen Menschen helfe.
In der Konzeption meiner eigenen Wunschkundin lag genau das gesuchte Kundenproblem, das Kernproblem, der Schmerzpunkt, mit dem ich selber jahrelang beschäftigt war. Hin und her gerissen zwischen:

- Mach ich es jetzt so oder so?
- Wo soll ich anfangen?
- Was, wenn es klappt?

Komisch, ich weiß, ich habe mich nie gefragt, was passiert, wenn es nicht klappt, aber das ist auch egal, es gehört einfach dazu, mal anzustehen oder gar zu scheitern. In meinen

Augen ist es niemals ein Versagen, sondern ein weiterer Schritt, der dir hilft, klarer zu sehen und wieder aufzustehen und weiterzugehen.
Es passiert nichts Schlimmes. Oft sind es irrationale Ängste, die uns begleiten und diese Ängste können manchmal auch ein Anlass dafür sein, um dir zu sagen: „Jetzt erst recht!"
Ich konzentrierte mich also genau auf die potentiellen Kunden, die den gleichen Konflikt hatten, den ich die ganzen Jahre zuvor hatte.
Formulierte meine Texte von Grund auf neu aus und damit ich gar nicht in Versuchung kam, meine ehemalige Homepage als Gedankeninspiration heranzuziehen, löschte ich sie gleich komplett. Keine Ablenkung, kein Zurück.
Es ist ein Prozess, des „sich neu Erfindens".
Du betrachtest dich und dein Können, deine Kernkompetenzen, aus einem völlig neuen Blickwinkel.
Die Eingrenzung meines Angebotes schuf unglaubliche Klarheit. Bereits im zweiten Monat hatte ich erste Kundenanfragen und es folgten Aufträge.
Als mir später eine Klientin nach unserer Zusammenarbeit berichtete: „*Sie hätte sich neu erfunden und noch nie so intensiv mit ihren Kunden und ihrem Angebot auseinandergesetzt*", musste ich schmunzeln.
Ja, es ist ein Prozess des Findens und Erfindens, ein Suchen und Finden in deiner eigenen Schatzkiste voller Möglichkeiten.
Wisse, du hast schon alles, was du brauchst.
Alles, was du schon umgesetzt, erlebt hast, gibst du deinen künftigen Kunden weiter. Du bist die Expertin und deinen Kunden ein paar Schritte voraus.

Auf den Punkt gebracht:

- Lehne Aufträge ab, die nicht zu 100% passen.
- Ein klares „Nein“ bringt dir neue Kunden.
- Eingrenzung und Abgrenzung bringen dir und deinen Kunden Klarheit und stärken deine Expertise.
- Dein Business, deine Regeln.

„Wenn du anerkennst, wo du stehst, ist der Weg zu deinem Ziel keine Frage der Zeit mehr, sondern innere Gewissheit, weil du weißt, welche Schritte nötig sind.“

Katharina Boersch

Weitere Kundengewinnungsstrategien

Kunden sind immer und überall. Bloß, solange du noch damit beschäftigt bist, nur zu denken, statt zu handeln passiert nicht viel. Du kannst dich und deine Expertise auch langsam nebenher aufbauen, dich ausprobieren und daran wachsen. Jeder einzelne Schritt und Versuch bringt dich weiter. Baue dir nicht gleich einen riesigen Berg an To-Dos auf.

Fordere zur Handlung auf

„*Rufen Sie mich jetzt an!*“, „Melden Sie sich zu einem kostenlosen *Kennenlerngespräch*“, „*Info anfordern*“, „*30-Minuten Strategie-Gespräch buchen*“, auf jeden Fall einen direkten Aufruf, den sogenannten „*Call to Action*“ setzen, um deinem Wunschkunden den Weg zu dir und zu einem Kennenlerngespräch zu erleichtern.

Solltest du dich entschieden haben, kurze Impulsvorträge zu

halten, dann sag deinem Publikum im Anschluss, dass du deine Zuhörer zu einem kostenlosen Erstgespräch einlädst. Deine Interessenten warten darauf! Sie wollen und brauchen deine Aufforderung, deine Offenheit, deinen Aufruf, deine Einladung. Du bist dein Business, falsche Bescheidenheit ist hier fehl am Platz.

Wenn sich aufgrund anderer Umstände, finanzieller Engpässe oder der Tatsache, dass dein Klient Angst vor seiner Courage bekommen hat, kein neuer Klientenauftrag ergibt, so hast du für Euch beide dennoch eine Win-win-Situation geschaffen.

Dein Interessent wird mit neuen Sichtweisen und deinen Impulsen euer Gespräch in guter Erinnerung behalten und dich weiterempfehlen, oder zu einem späteren, passenderen Zeitpunkt buchen.

Dieser Kundenkontakt hilft dir in deiner gesamten Reputation zu deinem Positionierungsthema.

Feedback und Anregungen

Ich poste regelmäßig aktuelle Status-quo-Meldungen in meinen sozialen Netzwerken, weißt du, was passiert? Leser antworten mir: „Das wär' doch ein Thema für einen nächsten Blogartikel!“, siehst du, deine Follower geben dir laufend Inhalt, Feedback und Anregungen, weil sie dich schon für deine Expertise und dein Thema als Vorreiter oder Inspirationsquelle ansehen und je mehr du darauf reagierst, umso sicherer ist dir deren Zuspruch und vor allem geschäftlicher Zulauf.

Auf den Punkt gebracht:

- Ein Angebot zu machen, liegt in deinen Händen.
- Fordere zur Handlung auf.

„Die Vermarktung einzustellen, weil es gerade gut läuft, ist einer der fatalsten Fehler, den du in deiner unternehmerischen Tätigkeit machen kannst – don't stop selling."

Katharina Boersch

Soziale Medien

Sobald du dich dazu entschieden hast, regelmäßig Inhalte über einen Blog, durch Audioformate, wie einen Podcast oder kurze Videos, mit hilfreichen Tipps zu veröffentlichen, wählst du einen für dich passenden Social Media–Kanal.

Ich habe sehr gute Erfahrungen mit Facebook gemacht. XING ist ebenfalls eine wunderbare Plattform, es gibt viele Gruppen und du wirst die richtigen Diskussionsrunden finden, sodass deine künftigen Wunschkunden auf dich aufmerksam werden.

Ideal sind auch verschiedene Interviewformate. Ob du Interviews schriftlich verfasst und gefragte Experten um Beantwortung deiner Fragen bittest, oder anfängst Audios aufzunehmen, via Skype oder persönlich.

Du schaffst automatisch für euch beide eine gewinnbringende Situation und bietest deinen Lesern und Hörern einen Mehrwert. Dein Gast oder Interviewpartner freut sich, von dir eingeladen und befragt worden zu sein und wird das Interview bestimmt auch in seine Kommunikationskanäle

einbauen. Das verhilft beiden Beteiligten zu mehr Bekanntheit und Reichweite.
Manchmal höre ich als Einwand: „*Was soll ich fragen? Was soll ich denn bitte schreiben?*“ Ganz einfach, frage dich, was du als dein Wunschkunde von der betreffenden Person gerne wissen würdest.
Schreibe dir ein paar Fragen auf, recherchiere über deinen künftigen Gast, et voilà, ist dein erster Fragebogen fertig und los. Fange einfach an!
Auch deine Art zu schreiben und zu fragen ist einzigartig. Du hast die Chance, deinen eigenen Stil zu entwickeln und dich der Welt mitzuteilen. So finden dich deine Kunden.
Egal wofür du dich entscheidest, veröffentliche und teile deine Neuerscheinungen regelmäßig in deinen Kanälen.

Auf den Punkt gebracht:

- Soziale Medien bieten dir die optimale Plattform, um mit deinen potentiellen Kunden in Kontakt zu kommen.
- Du knüpfst Kontakte.
- Schaffst Sichtbarkeit.
- Erfährst mehr über deine Zielgruppe und deren Problemstellungen.

„Als Unternehmer anzunehmen, dass soziale Medien eine reine ‚Posting-Plattform‘ seien, ist viel zu ‚einfach gedacht‘.
Für eine konstante Sichtbarkeit, Präsenz und Reichweite bedarf es einer kontinuierlichen Strategie!
Und diese Strategie heißt nicht:

- plump Veranstaltungen zu posten
- wahllos Einladungen zu versenden und
- gedankenlos um ‚Likes' zu bitten.
Eine Strategie bedeutet, durchdacht zur richtigen Zeit, die richtigen potentiellen Kunden auf sich und sein Angebot als Unternehmer aufmerksam zu machen."

Katharina Boersch

Vorträge

Vorträge schaffen dir die Möglichkeit, dich einem Publikum zu präsentieren, das du auf anderem Wege womöglich nicht erreicht hättest. Sie bieten dir die großartige Chance, direkt in Kontakt mit deiner Zielgruppe zu kommen und dich in deiner Präsenz und Begeisterung für dein Spezialgebiet wahrnehmen zu können.

Durch deine Anwesenheit und das Leben deiner Begeisterung für dein Publikum, schenkst du deinen Zuhörern die Möglichkeit, dein Charisma zu erleben und in das Thema einzutauchen.

Oftmals höre ich von Kundinnen, dass sie sich nicht auf der Bühne sehen und dass Vorträge nichts für sie seien. Vor fünf oder zehn Menschen im kleinen Kreis zu sprechen, lässt dich schon tiefer in Kontakt kommen und die Hörer begeistern. Du sprichst zum Beispiel vor einer kleinen Gruppe, bei einer Kollegin, einer Eröffnungsfeier oder einem Jubiläum. Sprich über dein Kernthema und über nichts anderes.

Weißt du, ich war jahrelang im Training unterwegs und stand

täglich vor Gruppen und Teilnehmern. Zu allem Übel war keiner von ihnen freiwillig da, sie wurden geschickt, also mussten kommen, weil ihr Chef, ihr Arbeitgeber das wollte. Bereits am Vorabend habe ich mir Gedanken gemacht, wer da wohl morgen kommen würde und stellte mir mögliche Teilnehmer und Szenarien vor. Morgens ging es dann weiter mit meinem Selbstsaboteur: „Ich melde mich krank, ich will das nicht, warum mach ich das überhaupt, vielleicht wird es mühsam." Kennst du das vielleicht? Lass dir sagen: Ich wurde weder gelyncht, beschimpft oder sonst irgendwie behindert.

Keine meiner Befürchtungen ist eingetroffen. Nein, wir hatten immer einen Heidenspaß. Weil ich irgendwann begriffen hatte, dass immer nur Menschen anwesend sind, denen ich helfen kann und die auch mir etwas schenken.

Ohne all meine Versuche wäre ich heute nicht da, wo ich bin.

Ob du jetzt einen bezahlten Vortrag organisierst oder kostenlos bei einem Impulsvortrag dein Wissen, deine Erfahrungen und dein Know-how mit Herz, Hirn und Überzeugung zum Besten gibst, ist egal, du wächst daran.

Für deine Strategie, deinen Fahrplan, empfehle ich dir, kurze Impulsvorträge zu halten, um für mehr Bekanntheit und Reputation zu sorgen.

Plane maximal eine Stunde pro Vortrag ein. Wer in deiner, dir schon bekannten Umgebung, könnte davon profitieren und bereits Klientel haben, das für dich interessant ist? Wer ist schon in deinem unmittelbaren Umkreis, der dir die „Bühne" gibt, über dein Herzensthema zu sprechen?

Ich erinnere mich noch gut an ein Gespräch mit meiner

geschätzten Kollegin Sandra, die sich mit Schmerztherapie beschäftigte und dafür Feuer und Flamme war. Wir redeten darüber, dass Rehakliniken und Krankenhäuser für ihre künftigen Wunschkunden ins Auge gefasst werden könnten. Sie hatte bloß keine Lust, dort direkt die Werbetrommel zu rühren. Plötzlich fiel ihr ein, dass sie einem Bridge-Club angehörte, dessen Betreiber ein sehr guter Freund ist und dass diese Club-Abende immer in dem ihm gehörenden Beisel (= Kneipe) direkt neben dem Krankenhaus stattfänden. Die Kurgäste und Patienten der Rehaklinik besuchen diese Gaststätte regelmäßig. Wer will schon in der Krankenhauskantine Bridge spielen? Alle chronischen Schmerzpatienten fanden sich regelmäßig dort zum Bridge spielen ein.
Ja, was liegt näher, als dass Sandra diesen Freund fragt, ob sie bei ihm mal einen kleinen Vortrag über ihre Erkenntnisse zur Schmerzlinderung mittels energetischer Arbeit und Homöopathie abhalten könne. Natürlich bejahte der Inhaber ihre Anfrage, zumal er sie gut kannte und sich selbst darüber freute, einen speziellen Abend anbieten zu können.
Es lohnt sich, hier ein bisschen um die Ecke zu denken und Menschen, die schon in deinem direkten Umfeld sind, zu fragen, ob du bei Ihnen über dein Thema mal einen kleinen Vortrag halten darfst.
Deine Friseurin? Deine Buchhalterin? Dein Ex-Kollege? Dein Lieblingswirt?
Frage einfach und lass dich positiv überraschen. Diana und Anna sind diesen Weg schon gegangen.

Diana übt sich nach erfolgreicher Kooperation mit einer Hebammenpraxis schon in virtuellen Seminarräumen und veranstaltet Webinare

zu ihrem Thema. Ihre Kunden buchen sie aus dem ganzen deutschsprachigen Raum.
Anna hat es nicht so mit der virtuellen Welt, doch durch ihr Engagement und ihre Konzentration auf ihr Kernthema ist es ihr gelungen, sich im deutschsprachigen Raum einen Namen zu machen. Sie spricht vor hunderten Menschen auf der Bühne und erhält bezahlte Aufträge.

Hol dir hier die Anleitung für den Aufbau deines ersten Vortrages:
www.katharinaboersch.com/unterlagen_perspektivenwechsel

Auf den Punkt gebracht:

- Vorträge eignen sich als Akquise-Tool.
- Dein Publikum hat bereits Interesse.
- Beginne im vertrauten Rahmen.

„Etwas anzugehen und zu ändern, oder zu verändern, bedarf Mut, aber vor allem einer einzigen Entscheidung.
Es ist wie mit dem Ende einer Beziehung oder dem Verlassen der Anstellung – der Perspektivenwechsel mit System ist ein Prozess, sich die neue Sicht und Handlungsmöglichkeit anzusehen und zu übernehmen. Die Welt des Anderen zu verstehen ist ein Garant dafür, gehört zu werden."

Katharina Boersch

Interaktion

Ich habe schon geschrieben, wie wertvoll ich es empfinde, mit deiner künftigen Klientel in Kontakt, in Austausch zu kommen, in Interaktion mit deinen potentiellen Kunden zu treten. Ebenso wertvoll ist es, dich in Kollegenkreisen auszutauschen und dir Unterstützung zu holen.

Frage nur die, die schon erfolgreich leben, was sie lehren.

Frage nicht die, die noch nicht dort sind, wo du hin möchtest. Solche Menschen erzählen dir nämlich meist nur zwei Dinge:

- Dass das nicht geht und
- dass das nicht klappen wird.

Dein Vorhaben entspringt aus dir und du bist diejenige, die es angeht und umsetzt.

Mit Interaktion meine ich, mit deinen bestehenden und künftigen Kunden aktiv in Kontakt zu gehen, sie zu unterstützen, sie zu fragen, woran es mangelt, ihnen zu helfen. Schreibe eine persönliche E-Mail und frage, was sich seit eurem letzten Coaching zugetragen hat. Wie es der Klientin geht und welche Veränderungen zu verzeichnen sind.

Es kann gut sein, dass sich deine Klientin schon die längste Zeit bei dir melden wollte, doch jetzt aufgrund deiner Nachfrage zur richtigen Zeit abgeholt fühlt und einen neuen Termin vereinbart oder sich für eines deiner Seminare anmeldet.

Ich schreibe auch nicht ununterbrochen irgendwelche E-Mails an meine Kunden und frage sie nach dem Stand der Dinge, doch ab und an hole ich mir Feedback ein und jedes Mal bin ich überrascht über die Antworten, über Erfolgsstorys, neu gewonnene Erkenntnisse und Durchbrüche, sodass es mich unheimlich beflügelt und mir ein seliges Lächeln auf die Lippen zaubert.

Auf den Punkt gebracht:

- Frag deine Kunden.
- Sie sagen dir, was sie sich von dir wünschen.

„Eine passgenaue Ausrichtung bildet die Basis für deinen langfristigen, nachhaltigen Erfolg im Beratungsgeschäft.“

Katharina Boersch

Innehalten und Zeit nehmen

Das Innehalten, dir Zeit zu nehmen, gut auf dich zu schauen, deine eigenen Energien zu pflegen und dich geistig frei zu machen, sind wichtige Parameter, die dir bei deinem persönlichen Wachstum und dem Ausbau deines Business helfen.

Vielleicht geht es dir manchmal etwas zu langsam, weil du sehr ungeduldig bist oder dir selbst zu viel aufbürdest.

Mir zuzugestehen, selbst regelmäßig Abstand zu nehmen, war eine intensive Aufgabe für mich.

Je herausfordernder die Zeiten sind, umso wichtiger ist es, dass du dir Pausen und Auszeiten nimmst.

Einerseits spürst du ganz genau, wann die Reißleine zu ziehen ist, holst dir jedoch dennoch manchmal gleich noch zig zu erledigende Dinge gedanklich herbei, sodass du erst recht in ein negatives Gefühl kommst und alles in dir schreit: „Das geht sich nie aus!" Spätestens dann mache ich mir immer bewusst, dass es Zeit für eine Pause ist.

Sobald ich hier aktiv das Zepter aus der Hand lege und mich von meinen Gedanken löse, kehrt sofort wieder Ordnung, Fokussierung und ein neuer kreativer Schub ein.

Dich wieder auf das zu fokussieren, was du erreichen möchtest, statt dich zu verzetteln und mit unwesentlichen Dingen aufzuhalten bzw. dich vom Weg abbringen zu lassen, bringt dir wieder die nötige Klarheit.

Für mich haben sich durch bewusste Auszeiten folgende Strategien zur Fokussierung bewährt:

Aktive Umsetzung

Am besten gelingt es mir, die Dinge aktiv anzugehen, wenn ich mir mein ganz großes Ziel herhole, diese eine, meine Vision!

- Hast du schon deine Vision, wo willst du hin?
- Was soll aus deinem Business in 2, 3 Jahren werden?
- Wo möchtest du stehen?

Dir dieses Bild geistig zu malen und innerlich vor Augen zu halten, hilft dir, die vielen kleinen Schritte umzusetzen, die nötig sind, um weiter wachsen zu können.
So verlierst du dein Ziel nicht aus den Augen und ordnest dich in deiner kreativen Pause neu.
Mir hilft es immer ungemein, mich in den emotionalen Zielzustand zu versetzen und mir bereits jetzt mit allen Gefühlen vorzustellen, wie es sich anfühlt, mein Ziel erreicht zu haben.
Arbeite hier mit Etappenzielen und auch mit deinem großen Ziel.

Motivation halten

Wenn dir deine Leitmotive und deine großen Motivatoren bewusst sind und du diese aufschreibst, weißt du genau, welche Schritte du als nächstes zu gehen hast. Du wählst für dich, welche Chancen du ergreifst und welche nicht in deinen Plan passen.
Wenn du ein visueller Mensch bist, arbeite mit einem Visionboard.
Hier baust du dir deine Collage auf einem großen Plakat oder einer Pinnwand. Du klebst Bilder und Zeitungsaus-

schnitte deiner Ziele und Wünsche auf das Board, um dich mit ihnen innerlich zu verbinden. Drapiere es so, dass du es täglich mehrmals siehst. So gehen deine Wünsche und Ziele in dein Unterbewusstsein und die Realisierung wird implementiert. Außerdem hilft dir der Blick auf das Visionboard bei der Abwägung, ob neue Projekte oder Kooperationsanfragen in deinen großen Plan passen.

Prioritäten setzen

Frage dich für jedes deiner Projekte: „Warum möchte ich das? Was ist das Ziel?"

Oft ist es viel effektiver, dich auf die großen Highlights zu konzentrieren, statt ständig mit neuen Projektideen deine Energie zu verpuffen. Konzentriere dich auf dein „Big Picture", auf die beste Version deiner selbst.

Nimm dir ein Blatt Papier oder öffne eine Datei auf deinem Computer und schreibe dir die Begründungen auf. Das könnte so aussehen:

„Ich plane ein neues Coachingprodukt, weil ..."

Führe diesen Satz weiter und vervielfältige ihn, schreib dir mindestens 5 Sätze auf, so weißt du jedes Mal wieder, warum du tust, was du tust und behältst dir deine Motivation.

Mache diese Übung jetzt, bevor du weiterliest.

Konzentriere dich auf bereits Gelungenes

Es wird auch Tage geben, an denen es dir schwerer fällt, dranzubleiben. Du hast etwas vor und irgendwie geht gar nichts weiter? Du hast das Gefühl, nicht vorwärtszukommen? Vertraue hier deiner inneren Stimme, das Angedachte wächst noch in dir.

Ich kenne das. Es sind Zeiten, in denen sich das neu Erlernte setzt, du befindest dich dann gerade in der Phase eines Lernplateaus.
Du lernst etwas Neues, setzt es um, das Erlernte setzt sich. Eine Zeit beginnt, in der du das Gefühl hast, nicht weiterzukommen. Bald danach erfolgt der nächste Anstieg.
Schau exakt auf die Dinge, die diese Woche gut funktioniert haben! Wo bist du diese Woche, wo du vorige Woche noch nicht warst?
Sobald du so Resümee ziehst, verschwindet dieser innere Schweinehund wieder.
Aus eigener Praxis und vielen Klientengesprächen weiß ich, dass Coaches oft viel schneller auf das Problem, statt auf die Lösung schauen, weil wir als Coaches gelernt haben, Probleme zu lokalisieren und dann erst in die Lösung zu gehen.
Wenn du dich allerdings selbst auf den Weg machst, sichtbarer zu werden und dich zu positionieren, damit du von deinen Kunden gefunden wirst, nimmt deine eigene zielorientierte Umsetzung deines Vorhabens zu. Davon profitieren deine Klienten.

Aufbruch zum Durchbruch

Bist du bereit? Werde konkret und schreib dir deine Ideen auf. Durch das Aufschreiben signalisierst du dein erstes Zugeständnis und dringst tiefer vor.
Frage dich, was sich davon für dich so richtig stimmig anfühlt.
Du bist die Expertin, kein anderer! Du bist die, die weiß, wie es geht und deinen Kunden bereits mehrere Schritte voraus ist.

Der Plan für deine Freiheit

Ich bin kein Freund von langen To-do-Listen. Bis ich aufgeschrieben habe, was alles zu tun wäre, hätte ich die ganze Energie verpufft und sinnlose Zeit vergeudet.

Was ich sehr schätze, ist ein großer Plan und Meilensteine für dein Geschäft. Ein bisschen Plan muss sein und deshalb schreibe die großen „Highlights“ deines Jahres auf.

Ich teile mein Jahr in 3–4 Großprojekte ein und die Wochen konzipiere ich nach Konzeptions- und Produktionstagen.

Diese Vorgehensweise bringt mir unheimliche Freiheit, statt mich einzuengen oder zu blockieren.

Wenn du weißt, warum du tust, was du tust und dir auch klar ist, was dabei rauskommen soll, fällt es dir viel leichter, den nächsten Schritt zu gehen. Du wirst alles daran setzen, deine Ziele zu erreichen.

Auszeit für dich

Wenn dein Business wachsen soll, brauchst du immer wieder eine Auszeit für dich, deine Termine mit dir.

Ich plane immer wieder ganze „Business-Off-Tage“ ein. Es sind genau diese Tage, an denen meine Kreativität auf Hochtouren arbeitet und mir intuitiv neue Eingebungen schickt.

Meine Gedankenblitze kommen in den unterschiedlichsten Situationen, wenn ich etwas ganz Anderes mache, beim Spazierengehen, Laufen, Autofahren oder Wäsche waschen. Plötzlich ist die zuvor noch unlösbare Aufgabe ganz klar, auf jeden Fall der nächste Schritt.

Nach den intensiven Zeiten, wo ich auch an den Wochenenden arbeite, nehme ich mir bewusst einen Wochentag oder eine Woche im Monat frei.

Im Sommer nehme ich mir einen ganzen Monat Auszeit und einen guten Teil des Winters verbringe ich im Warmen. Wenn der ganze Trubel und die Informationsüberflutung wegfallen, komme ich sehr schnell mit meiner inneren Stimme in Kontakt und erhalte „Führung“ und finde den nächsten Schritt!

Auf den Punkt gebracht:

- Warum tust du, was du tust?
- Deine Motivatoren musst du in- und auswendig kennen.
- Auszeiten und Off-Tage schaffen Flow und bringen dir kreative Einfälle.

„‚Nein‘ zu Dingen zu sagen, die nicht wirklich deinem Herzenswunsch entsprechen, vor denen dich schon ein instinktives Gefühl gewarnt hat, mag dir anfangs ein bisschen Mut und Übung abverlangen, doch, wenn du mal die Kraft deines ‚Neins‘ spürst und es auch ehrlich aussprichst, dann wirst du sofort mit so vielen neuen Chancen belohnt, die dein wohlwollendes ‚Ja‘ willkommen heißen.“

Katharina Boersch

Sobald der Erfolg kommt

Und dann kommt der Moment, wo er da ist, der Erfolg – auch bei Anna und Diana.

Anna hüpft frisch vergnügt aus dem Bett. Die Vöglein zwitschern, die Sonne erstreckt ihre Strahlen über die Dächer.
Anna schaut in den Spiegel und was sie da sieht, kann sie gar nicht fassen: Sie ist glücklich! Rundherum zufrieden strahlt sie über das ganze Gesicht. Beschwingt hantiert sie an der Kaffeemaschine und drückt das Knöpfchen für ihren Morgenkaffee. Sie öffnet ihren Laptop und ruft ihre Mails ab. Sie überfliegt die Betreffzeilen und traut kaum ihren Augen: „Anfrage Speaker-Einladung". Sie rennt ins Wohnzimmer und holt ihr Handy, das noch irgendwo am Ladekabel hängt. „Marianne, hallo, guten Morgen! Du, stell dir vor, ich hab' gerade eine Anfrage bekommen, auf dem Ärztekongress über Teamzusammenhalt zu reden! Ich glaub's ja nicht." „Hallo, ja, super, schön, du ich kann grad nicht reden, kann ich dich später zurückrufen?", hechelt ihre Freundin ins Telefon. „Ja, klar, egal, ich wollt dir nur sagen, ich freu mich total!" „Tüt…Tüt…Tüt." Ja wie geil ist das denn, denkt sich Anna und tänzelt in ihrem Nachthemd wieder in die Küche.
Ein Blick auf das Bankkonto, die anvisierte 10.000 Euro – Marke ist gesprengt, alle Zahlungen sind eingegangen. Ein Blick auf die Uhr, es ist 8:37 h, okay, zu früh um jetzt eine Flasche anzureißen. Wolke sieben – Luft hängt im Zimmer. „Kreiere den besten Tag in deinem Leben", fällt es Anna wieder ein. Was hat sie vor ein paar Monaten noch gedacht: „Wie soll das gehen?" Sie ist seit einem Jahr gut gebucht, kann sich ihre Aufträge aussuchen und hat ihr Umsatzziel erreicht. Und jetzt noch eine Anfrage als hochdotierte Rednerin für einen Kongress.

Anna fängt gerade wieder an „groß zu träumen". „Wo möchte ich in 2 Jahren stehen?", fragt sie sich.
Anna hat großartige Erfolge eingefahren! Sie hat nicht aufgehört, ihren Weg zu gehen, immer und immer wieder hat sie ihre passenden Kooperationspartner gesucht, gepflegt und gehegt. Jeder ihrer Impulsvorträge hat einen Mehrwert und Nutzen für beide Seiten gebracht. Sie hat sich verausgabt, erholt und weitergemacht.
Sie führte viele Kundengespräche und erhielt wertvolle Informationen zu den Bedürfnissen ihrer Klienten. Annas Angebot wurde immer mehr feingeschliffen, bis es keinen Weg mehr vorbei an ihr gab. Ihre potentiellen Wunschkunden wussten, sie ist die Expertin für gelungene Führung. Jeder einzelne Schritt hat sich zu einem großen Ganzen gefügt. Durch Annas Dranbleiben stieg auch ihre Bekanntheit, genau in ihrem Wirkungskreis. Anna leistet Großartiges und ich freue mich sehr mit ihr, dass sie zu diesem Kongress als Rednerin eingeladen worden ist. Erst in der Rückschau wird Anna bewusst, was sie in den letzten Monaten erreicht und durchgezogen hat, wie sehr es sich gelohnt hat, sich auf ihre spezielle Zielgruppe zu konzentrieren und ihr Angebot zu konkretisieren.

Diana veranstaltet in der Zwischenzeit regelmäßig Workshops, hat ein großartiges Premium-Produkt entworfen, das ihren Klienten durch Beziehungskrisen hilft, hat ihre Anstellung gekündigt, da sie wunderbar von ihrer Selbstständigkeit lebt. Sie feilt an ihrem Onlinekurs und hält virtuelle Seminare. Sie erreicht Menschen aus ganz Deutschland und lacht heute nur mehr über seinerzeitige Kommentare aus ihrer Kollegenwelt: „Paarberatung, online, das funktioniert niemals!" Heute ist sie eine gefragte Expertin und hat wunderbare Kooperationspartner.

Auf den Punkt gebracht:

- Durch die Rückschau erkennst du, wo du bereits stehst.
- Kontinuität und Konsequenz lohnen sich.
- New level, new devil.

„Wenn du spürst, dass die nächste Stufe in deinem Leben ansteht, dann ist es wichtig, dass du ein Gegenüber zur Reflexion hast – jemanden, der es ehrlich mit dir meint, dir wertschätzend begegnet und Klartext redet, ohne sich selbst in den Vordergrund zu stellen – einen professionellen Mentor."

Katharina Boersch

Am Ziel und auf dem Weg

Ich habe aufgehört, darüber nachzudenken, was jemand wie macht und ob ich das so auch könnte. Ich brauche Menschen, Kontakt und ein Miteinander, ich liebe den Austausch und die Dinge, die daraus entstehen. Hier hole ich mir Inspiration.

Das Wichtigste, das ich gelernt habe, ist, einfach anzufangen und zu machen. Folge deiner Idee und dem Impuls!

Es ist wirklich egal, wo du stehst. Du brauchst nicht die große Idee und DAS Ding. In welche Richtung sich dein Engagement langfristig entwickelt und welche Formate und Leistungen du noch anbieten wirst, ist nicht im Vorfeld zu beantworten.

Nein, das ist ein lebendiger, sich formender Prozess.

Fang an, in dich zu investieren und deinen Weg zu gehen. Erfolg stellt sich ein, nicht über Nacht und nicht von heute auf morgen. Du erlangst zuerst einmal Klarheit darüber, was du wirklich willst. Wie du es umsetzt und was daraus noch wird, ergibt sich auf dem Weg, während du gehst.

Ich verbessere die Welt von Coaches und helfe ihnen ein Stück auf ihrem Weg.

Hilf du deinen Kunden, ihre Welt zu verbessern.

Dein ganzes Business wächst mit dir, du veränderst dich, dein Business ändert sich, du wächst, dein Business wächst.

Mein erstes Jahr als Coach war intensiv, die Dinge überschlugen sich. Ich überarbeitete meine eigene Positionierung und entschied mich, „Perspektivenwechsel mit System“ zu schreiben. Während des Schreibens erhielt ich einen Auftrag für einen Fachkongress und mittendrin erreichte mich ein

Anruf eines geschätzten Kollegen, der anfragte, mich an einem noch in Planung befindlichen Buchprojekt zu beteiligen. Wow, was für eine Ehre!
Zu Beginn, als ich meine eigene Positionierung und meine Wunschkunden vor Augen hatte, setzte ich mir in meiner Zielvision folgendes Bild:
Vor hunderten von Menschen auf der Bühne zu stehen und sie zu begeistern und zu inspirieren, ihr volles Engagement, ihr Unternehmertum zu leben.
Dieses innere Zielbild war so bunt und so stark, dass ich es ganz intensiv spüren und vor meinem inneren Auge sehen konnte. Ich spürte, wie es sich anfühlen würde.
Eingetreten ist weit mehr, als ich erahnen konnte!
Du willst direkt loslegen? Setze das Wissen aus „Perspektivenwechsel mit System" für dich um, mache die Übungen und wende deine Lernerfahrung für dein Business an!
Lade dir hier alle kostenlosen Ressourcen und Übungsmaterialien herunter:
www.katharinaboersch.com/unterlagen_perspektivenwechsel

Ich wünsche mir nichts mehr, als dass du dich auf den Weg machst, denn ich weiß, du kannst das auch.

Herzlichst,
Katharina

„Dein Können, deine Meinung und deine Message unter den Scheffel zu kehren, bringt dir weder Kunden, noch Bekanntheit, geschweige denn ein Wachstum deines Unternehmens. Was hast du zu verlieren, wenn du dich selbst vermarktest? Jeder Tag, an dem du als Unternehmerin grübelst, planst und nachdenkst, kostet dich nicht nur Zeit und Kraft, sondern vor allem Geld, das du schon längst einnehmen hättest können, wenn die Präsentation und Kommunikation deines Angebotes genau auf deine ideale Kundin ausgerichtet wäre und du begonnen hättest, aktiv in die Umsetzung zu gehen. Auf den Perspektivenwechsel kommt es an!"

Katharina Boersch

Über die Autorin

Katharina Boersch ist Business-Expertin und Vortragsrednerin. Schwerpunkt ihrer Expertise ist das Thema „Perspektivenwechsel mit System". Sie verhilft Unternehmern, Einzelunternehmern und gehobenen Führungskräften, ihr Business wirksam zu gestalten, damit sie innerhalb kürzester Zeit zu erheblich besseren Ergebnissen kommen. Durch ihre ergebnisorientierte Beratung und Begleitung lernen die Unternehmer, sich kritisch mit ihrem eigenen Business und ihrem Portfolio auseinanderzusetzen. Katharina Boersch beherrscht es wie keine andere, ihre Klienten für Veränderungen in ihrem Business zu begeistern und sie zu motivieren in die Umsetzung zu kommen.

Sie stammt selbst aus einer Unternehmerfamilie und stieg schon parallel zu ihrem Studium in das Unternehmen ihrer Mutter ein. Sie entdeckte ihre Faszination für das Unternehmertum und brachte es fertig, innerhalb eines Jahres die Umsätze des Familienunternehmens zu verdoppeln. Schon zu dieser Zeit erkannte sie, dass solche Erfolge nur mit der entsprechenden Schulung der Mitarbeiter möglich sind. Daher begann sie schon Mitte zwanzig, die eigenen Mitarbeiter mit System zu schulen. Diese Zeit schärfte ihren Blick für die entscheidenden Hebelfaktoren des wirtschaftlichen Erfolgs.

Sie studierte Kommunikationswissenschaften und Betriebswirtschaft in Wien und absolvierte studienbegleitend unzählige Ausbildungen, unter anderem in systemischem Coaching und Aufstellungsleitung. Schon damals verstand sie, dass die fundierteste Ausbildung und die beste Methodik nichts helfen, wenn man sich nicht erfolgreich vermarkten

kann. Direkt nach dem Studium machte sie sich selbstständig, weil sie erkannte, dass es ihr Weg ist.
Aus ihrer Erfahrung heraus ist Unternehmens- und Unternehmererfolg nur mit System und mit den nötigen aufeinander abgestimmten Schritten möglich. Deswegen berät sie Unternehmer und Unternehmerinnen nach dem Prinzip „Perspektivenwechsel mit System". Die besten Ideen sind nämlich ohne systematische Umsetzung nichts wert. Unternehmer und Unternehmerinnen aus diversen Branchen vertrauen ihr, wenn es darum geht, ihr Business profitabel zu gestalten und wachsen zu lassen. Business-Aufbau und kontinuierliches Wachstum lassen sich aus ihrer Sicht als Expertin nur in Zusammenhang mit einem persönlichen Wachstum erreichen. Business-Expertin Katharina Boersch ist überzeugt, dass Unternehmer in ihrem Business nur dann Quantensprünge erleben, wenn sie auch ihre persönlichen Grenzen sprengen.
Ihre langjährigen Klienten schätzen an ihr ihre Klarheit und ihre Herzlichkeit. Im Business weiß sie, was geht, wie es geht und wiederum auch, was nicht geht und sagt es auch. Das hat ihr den Ruf einer punktgenauen Analytikerin eingebracht. Bei aller analytischen Schärfe bleibt sie jedoch immer menschlich, empathisch und wertschätzend. Sie weiß es, ihre Klienten mit ihren außergewöhnlichen Ideen und erprobten Strategien zu inspirieren und sie zur praktischen Umsetzung zu ermutigen.
Im Laufe ihrer Karriere hielt sie unzählige Vorträge und führte bereits über 1500 Seminartage durch. Sie entwickelte das einzigartige „Business Change Programm" mit dem Ziel, Unternehmern zu mehr Wachstum und Sichtbarkeit zu

verhelfen. Sie vermittelt ihre Expertise im Bereich Business-Positionierung auf ihrem Blog und in ihrem Podcast „einfach wirksam“ an tausende Leser und Hörer aus 89 Ländern. Sie gilt als Pionierin im Bereich des digitalen Umsatzwachstums für Einzelunternehmer. Sie ist Autorin von über 130 Fachartikeln und Blog-Beiträgen.

„Einzigartigkeit kann nicht erfunden, sondern nur gelebt werden.“

Katharina Boersch

Seminare und Programme

GLASKLARE KOMMUNIKATION FÜR DEINE WUNSCHKUNDEN

Es ist immer der richtige Zeitpunkt, sich Gedanken für eine „Positionierung", Neuausrichtung deines Businessauftrittes zu machen.

Du möchtest nur mehr mit Kunden und Klienten arbeiten, die wirklich zu dir passen?
Du möchtest in deiner Branche als Experte wahrgenommen werden?
Dadurch nicht nur deine Reputation, sondern auch deine Umsätze massiv steigern?
Deine PR und Selbstvermarktung effektiv gestalten und ein System nutzen, das dir automatisch Kunden bringt?

Perspektivenwechsel mit System!

- Dein Business aus der Sicht deiner Wunschkunden
- Deine messerscharfe Positionierung als Alleinstellungsmerkmal auf dem Markt
- Eine klar umrissene Zielgruppe
- Motiviert den Fokus halten, statt sich zu verzetteln
- Deine Ist-Stand-Analyse und künftige Ausrichtung
- Die Sprache deiner Kunden, satt branchenüblichen Fachtermini
- Effektive Kundengewinnungsstrategien on- und offline

- Plan- und steuerbare Umsätze aus deinem bereits vorhandenen Know-how

Dann ist das BUSINESS CHANGE PREMIUM PROGRAMM genau für dich.

Die Teilnehmeranzahl für dieses VIP-Coaching-Produkt ist begrenzt.
Du willst herausfinden, ob eine Zusammenarbeit mit mir für dich interessant ist? Melde dich zu einem ersten kostenlosen Strategiegespräch:
http://katharinaboersch.com/strategiesession

Das sagen zufriedenen Kunden:
„Liebe Frau Boersch! Gerade für mich als ‚Neuling' waren die Inputs und die klare Positionierung nahezu unbezahlbar. Ich freute mich immer sehr auf die neuen Inhalte und kniete mich dann sofort mit meinem ganzen Fokus und Elan hinein. Es machte mir unheimlich Freude auf diese Art an meinem Business zu arbeiten und ich kam wirklich mit ‚7-Meilen-Stiefeln' voran! Dank Ihnen konnte ich meine Selbstständigkeit auf eine solide Basis stellen!" Teilnehmerin

„Hallo Frau Boersch!
Als wir mit unserer Arbeit begonnen haben, habe ich mit meiner Selbstständigkeit wieder begonnen. Wieder heißt, dass ich über 7 Jahre angestellt war und jetzt wollte ich wieder was Neues machen. Aber es musste auch neu sein. Dort weiterzumachen, wo ich vor fast 8 Jahren aufgehört hatte, war mir zu einfach. Da kam Ihr Angebot mit meinen

Wunschkunden zu arbeiten gerade recht. Das ganze Programm zu erarbeiten war für mich spannend, intensiv, aufregend. Ich habe mich auch wirklich neu erfunden. So intensiv habe ich mich vorher nie mit meinen Kunden und meinem Angebot beschäftigt. Da habe ich mit Ihrer Hilfe wirklich etwas Sensationelles auf die Beine gestellt. Herzlichen Dank. Sie sind motivierend, fördernd und wahnsinnig kreativ. Die Arbeit mit Ihnen war das Fundament, das wäre aber ohne unsere Vorarbeit so nicht möglich gewesen. Ich kann das Business Change Programm gerade in unserer Branche als Coach bzw. Trainer nur wärmstens empfehlen." Teilnehmerin

„Liebe Frau Boersch!
Vor unserer Zusammenarbeit habe ich mich gefühlt, als fehlte ein wesentlicher Part in meiner Gleichung, um Kunden anzusprechen. Ich hatte eine Idee davon, aber ich konnte es nicht richtig in Worte fassen. In der Zusammenarbeit mit Ihnen haben sich zwei konkrete Veränderungen ergeben: Ich konnte den Fokus darauf legen, wie sich mein Kunde fühlt, bevor er zu mir kommt und genauso seine Sprache sprechen und ihn abholen und ich habe mich darauf konzentriert, nicht zu viel auf einmal zu machen, sondern mich auf die wesentlichen Dinge zu konzentrieren und am Marketing dran zu bleiben. Ehrlich gesagt, hat sich sehr viel getan!" Teilnehmer

„Solange du noch überlegst, wie du etwas machen könntest, hast du die Einladung des Lebens an dich übersehen.“

Katharina Boersch

Aktuelle Angebote und Informationen findest du auf
www.katharinaboersch.com

Kostenlose Ressourcen

Abonniere den Podcast von Katharina Boersch „Einfach wirksam“:
iTunes:
itunes.apple.com/at/podcast/einfach-wirksam!-der-podcast/id941558155

Verbinde dich mir auf den Social Media-Kanälen!
Facebook:
www.facebook.com/BoerschKatharina

Twitter:
www.twitter.com/KathiBoersch

YouTube:
www.youtube.com/channel/UC_SCmPciEsiPtJG65CyTcAg

Xing:
www.xing.com/profile/Katharina_BoerschStefanic

Linked-In:
at.linkedin.com/in/katharinaboersch

Google+:
plus.google.com/108559325580295677187

„Verbindlichkeit sich selbst und anderen gegenüber wird nicht immer als Selbstverständlichkeit erachtet, doch nur dann kann etwas bewegt und erreicht werden. Verbindlichkeit ist meine oberste Priorität mir selbst gegenüber und genauso wichtig nehme ich Verbindlichkeit gegenüber meinen Kunden und Klienten!"

Katharina Boersch

Copyright und Haftungsausschluss

Fotos: Suzy Stöckl
Tiaré® e.U., Mag. Katharina Boersch-Stefanic, Lacknergasse 35/13b, A-1170 Wien, Tel.: +43 664 10 18 840, E-Mail: info@katharinaboersch.com

Haftungsausschluss: Dieses Buch ist konzipiert, Informationen in Bezug auf den behandelnden Gegenstand zur Verfügung zu stellen. Es wird unter der Voraussetzung verkauft, dass weder der Autor noch der Herausgeber eine psychologische Beratung durchführen und dass die Prozesse in diesem Buch weder diagnostisch noch psychologisch sind. Falls eine psychologische Unterstützung oder Unterstützung durch andere Expert_innen benötigt wird, sollten die Dienste einer entsprechenden Fachkraft in Anspruch genommen werden. Die Autorin führt keinerlei Finanzberatung durch und empfiehlt sich in solchen Fragen an die entsprechenden Expert_innen zu wenden. Es ist der Zweck dieses Buchs zu bilden und zu unterhalten. Weder Katharina Boersch-Stefanic noch irgendein_e Händler_in oder Importeur_in haftet gegenüber der Käuferin oder dem Käufer oder irgendeiner anderen Person oder Gesellschaft in Bezug auf irgendeine Haftung, Verluste oder Schäden, die direkt oder indirekt von diesem Buch verursacht oder angeblich verursacht wurden.

14289810R00096

Printed in Poland
by Amazon Fulfillment
Poland Sp. z o.o., Wrocław